キッチンから始める人生の整理術

今の自分をもっと快適に生きる

村上祥子

青春出版社

はじめに…キッチンから始まる人生１００年時代

こんにちは！　村上祥子です。
敬老の日を前にした２０２１年９月19日、総務省は、65歳以上の人が３６４０万人になり、過去最多になったことを発表しました。これは全人口の29・１％にあたります。

医学の進歩で、人生１００年時代が現実のものとなりました。

人生１００年時代は、
お金
年齢
社会的地位
に左右されず、

自己責任で、
元気に生きていく時代です。

総務省の統計によると、65歳以上の人で、１０００人に一人は働いているそうです。

私は27歳で仕事をスタートし、現在79歳。
新聞に週4日の連載、月刊誌連載3誌、今まで単行本を５００冊出しましたが、今年は、２０２１年9月までで、単行本4冊、今後出版予定のもの5冊、週刊誌、オンラインの講演会や講義やセミナー、このあとも仕事を続ける予定です。

運動といえば、家事をする、一日1万歩を心がける、トランポリンを１００回跳《と》ぶだけ。トレーニングに励まなくても、足元がふらつく、腰が痛い、身体が冷えるといったシニア特有の不調はまったくありません。年に一回も風邪をひきません。TANITAのマルチ周波数体組成計の透視結果では、２本の上腿部に筋肉が多いと出ました。

3人の子どもを育て、双方の父親の介護も、自身の闘病生活も経験。子どもたちが巣立ち、夫を見送り、今はひとり暮らし。そんな私が、一日12時間働いても疲れない体を生み出しているのは、ほかでもない整理された「小さなキッチン」「小さな暮らし」です。

何かをしようとしたときに、「あれ？　どこに置いたかしら」と探し回り、あちこちの引き出しの中をガサゴソ。高い棚の奥のほうを探そうとして椅子を運んできたけれど、手前のもので奥が見えず、いったん取り出してまたしまう……そんなことを繰り返していたら、人生の時間は刻々と過ぎていってしまいます。

必要なものだけを持ち、居場所を与え、すぐ取り出せるようにしておけば、探し物に時間を取られることもなく、いつでも機嫌よくいられます。

新型コロナウイルス感染拡大をうけ、料理教室は当分の間クローズ。

文部科学省の2020年度第三次食育推進事業「つながる食育」の一環として

行っていた小・中学校の出張授業もストップ。決まっていた講演会や、栄養教諭対象の研修会など、すべてキャンセルに。

「しめた！　時間ができた！　福岡女子大学『村上祥子料理研究資料文庫』に寄贈できなかった資料（夫の書斎に突っ込んでました）を整理するときがきた！」と小躍りです。

人生は、日々、考え、頭に浮かんだ想いを整理しながら前へ歩を進めます。

「小さな暮らし」を選んだのは終活のためではありません。

これからも立ち止まらず、前へ進み続けるための方便です。

私はまだまだ、現在進行形。かつて黄金が眠る国ジパングと西洋に憧れられた「東洋の国、NIPPON」が、「ボケない100歳の国」になることを願って、キッチンの整え方（整理術）から入ります。

2021年11月

村上祥子

家族みんなで暮らしていた頃の
大きなテーブルもソファも
手放して、
自分が暮らしやすいように
整理した
「小さな暮らし」。

サッと取り出せて、
すぐに使えるように、
キッチンはシンプルに
整理します。

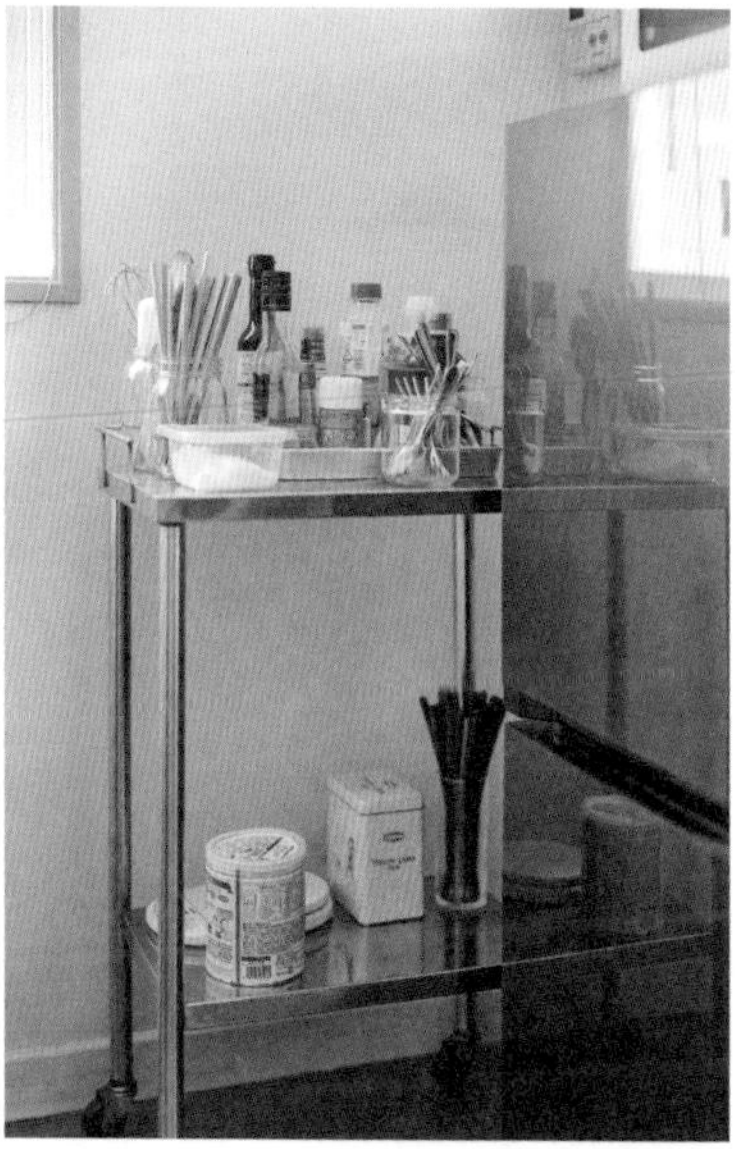

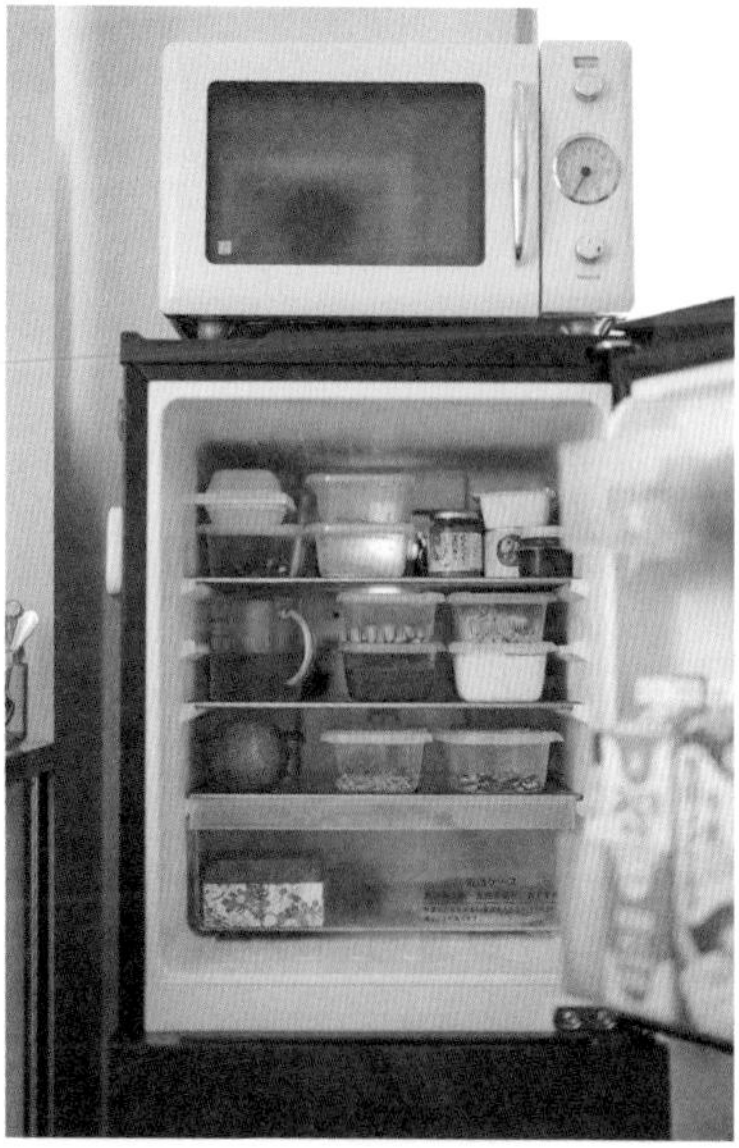

人生100年時代を生きるには、
健康第一。そのためにも、
「ちゃんと食べる」。

便利な時代ですから、
自分で作らなくたっていいと思います。
使い切れないとか、
残りがちな食材も
ちょっとした工夫で
整理できます。

148

少ない服でもアレンジしだいでオシャレできます。
料理家人生と共に過ごした資料も大切な相棒。
人との関係もずっと大事にしたいものです。

自分を取り巻くすべての
モノ、コト、人間関係……
心の整理、人生の整理になります。

目次 ── キッチンから始める人生の整理術

2章 70代だって働きたい！ 仕事の整理術

働くこと・家事・日課について。無理なく楽しく

3章 料理は食材、そして頭の整理にもなる

手間をかけずにしっかり食べる・使い切る

4章 モノ、コト、そして人…人生の整理術

おつきあい、生き方、そして終活など――

写真　江口拓（株式会社スタジオＣＯＭ）
編集協力　会田次子
本文デザイン　浦郷和美
本文ＤＴＰ　森の印刷屋

1章

生まれついての整理好き。片づけについて

見える・使いやすいのコツ。まずはキッチンの整え方から

「小さな暮らし」で、あなたの時間がもっと増えます

1日は誰にとっても24時間。持ち時間は平等です。

睡眠に8時間、食事や風呂、家事、掃除、洗濯など、生活に不可欠な家事に8時間かかるとすると、残るは8時間。

仕事をしてもよいし、趣味に打ち込む時間にあててもよしです。

「小さな暮らし」は、いま持っているものの中で、絶対必要と考えるものだけで暮らすこと。

そのための一番の条件は、自分が食べたり、くつろいだり、また仕事や趣味をするために必要な最小のスペース。

大きな部屋から小さな部屋へ引っ越すだけでも実現できます。

「小さな暮らし」で自分の時間が増えるだけでなく、毎日、ささっと掃除ができます。

私は毎朝、7・5畳のリビングキッチン、寝室、クローゼット、洗面所周りを拭き掃除。前日洗って乾かしておいた雑巾を少し湿らせて絞り、力を入れて拭き掃除。ひとり暮らしなのに……と思ってしまうほど汚れています。毎日の拭き掃除で、毎日気持ちのよいスタートがきれます。

思えば、夫の転勤のたびに、私は仕事はたたんで子どもを連れてついていきました。たった一人の生徒さんで始めた教室も、その地を去るときは100名近い大所帯に。増えた調理器具や食器は、ごく安い値段で引き取ってもらいます。ガレージセールではありません。気心の知れた生徒さんたちに、です。新しい土地や家のニーズに合わせて、また一からやり直しです。

といいながら、新天地ではたちまち団地新聞主催の文化サークルで料理の先生を、地方のテレビ局で料理番組の講師を引き受けます。

バタバタと道具を買い集める私に、「ほらごらん！　処分するのが早すぎるんだよ、君は！」と夫。

「いいんです!!　イタリア製の鍋が安く手に入って喜んでくれた人もいます。私も開発されたばかりの機種を試すことができます。ムダではありません」と、私。

「この家で処分されなかったのは、僕だけだ!!」と夫も軽口を叩きます。夫を「整理」しなくて本当によかったと思っています。

小さな暮らしのシンプルキッチンは「見える収納」がいちばん!

体は食べ物でできています。

健康は食べ方次第で決まります。

食事を準備する場はキッチンです。

キッチンが小さくまとまっていれば、食事も簡単に食べることができます。

では、村上祥子のパワーの源、シンプルキッチンをお目にかけます。

かつて娘の部屋だった6畳間、押入れと出入り口を合わせて7・5畳のスペースが、私のシンプルキッチンです。

「人生は探し物の時間がないと3倍以上有効に使える」と言った人がいますが、台所仕事にも当てはまります。

変えたのは2007年。夫・村上啓助が70歳で会社を退職し、(株)ムラカミアソシエーツの経理・人事の担当に専念することになったときです。

身長182cmの夫が簡便な朝食と夕食を作る(ランチは歩いて行ける範囲の和洋中の店を利用)キッチン機能を持ったリビングです。

TOYO KITCHENのショールームに出向き、オールステンレスのシステムキッチンを、幅120cmに切って作ってもらいました。高さは90cmです。

本当に必要なものを厳選した私のシンプルキッチン。キッチングッズの収納を紹介します。

シンク下の引き出し

上段　包丁、スプーン（大・小）各1、フォーク（大・小）各1、計量スプーン（大・小）、スライサー（おろし器とチーズのグレーター兼用）、ビニール袋、キッチンバサミ

下段　ステンレスざる（直径19㎝）、ステンレスボウル（直径22㎝）、フライパン（直径22㎝）、100均のラーメン丼とふた各1、柳宗理（デザイン）のミルクわかしとふた　1台、フードプロセッサー1台、圧力鍋（3.5ℓ容量）1台

キャスター付きワゴン

上段　菜箸、ターナー、泡立て器など長いツール（空きビンに立てて収納）、調味料一式

下段　オークのまな板、スケール、タイマー、イエローラベルティバッグ（缶）、プラチナミルクforバランス（缶）

シンクの上（スライド式のまな板を組み込んである）

クレンザー、食器用液体洗剤、漂白剤、固形石鹸、タッパーブラシ、スポンジ1個、スチールタワシ、スケール

シンクの左側

ＩＨクッキングヒーター、電子レンジ、オーブントースターを縦3段に設置

壁に設置した2段のオープン棚

色がきれいなもの、デザインが気に入っているものだけを選んだ食器をのせています

私のシンプルキッチンは「見える収納」です。見えないのはシンク下の引き出しの中だけ。何がどこにあるかひと目で見渡せるので、使いたいモノがサッと取り出せます。

鍋や刃物など、切れる調理器具は、シンク下の引き出しにしまいます。

キャスター付きワゴンは、美容師さんがドライヤーなどを載せている、あのステンレス製のものです。掃除がしやすく、モノが落ちにくいので気に入っています。

食器棚は大工さんに壁に付けてもらった2枚の板です。

食器はお椀も茶碗も2個ずつ。

汁椀1個、お茶碗1個、洋皿1枚、コップ1個を取り、料理を盛り付け、食べ、洗い、もとの場所に戻す、の基本さえ守れば、いつも整理された状態に戻ります。

モノの整理＝時間の整理です。

25年間使ったTOSHIBAノンフロン冷凍冷蔵庫（356ℓ）が壊れ、ひとり暮らし用に134ℓ（冷凍庫46ℓ・冷蔵庫88ℓ）に買い換えました。

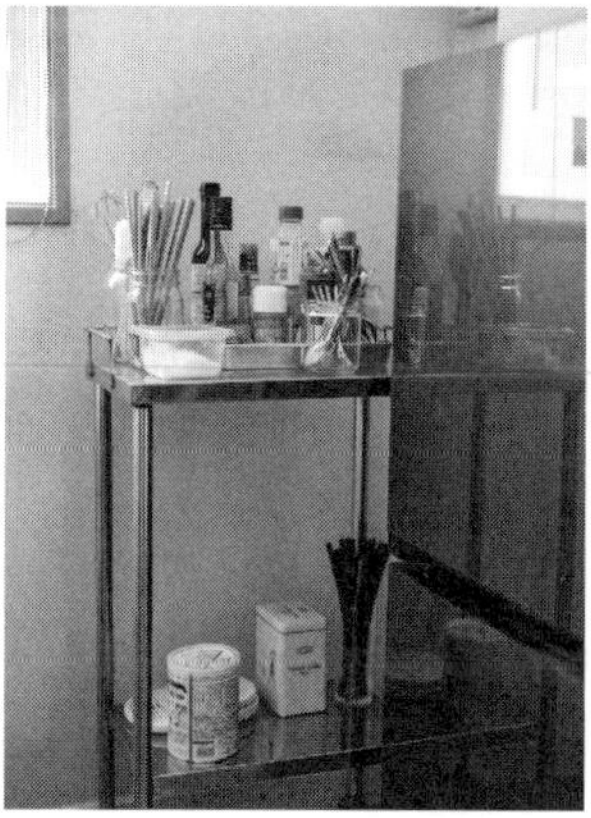

1	3
1	4
2	4
2	5

1 壁のオープン棚にはお気に入りの食器
2 調理道具や調味料はキャスター付きワゴン
3 刃物は見えない収納にしています
4 冷蔵庫内も見えやすく整理
5 冷凍室。上段には一人分冷凍パック。下段は、ごはん、パン、うどんなど扉は右開きだけ。「かってに氷」機能はありません。昭和39年（1964年）結婚当初のように、製氷皿に水を入れて作ります。

コロナ禍の自粛生活の最中に、食材を満タンにして暮らしてみました。1日三食食べて、5日は暮らせます。

半端に余った野菜や肉をかき集めてひとり鍋にすれば、1週間は暮らせると思います。

ちなみにリビングキッチンなので、リビング機能もあります。

アメリカから船便で取り寄せたアンティークの丸テーブルと椅子2脚。向かいにテレビを置き、朝晩テレビを観ます。疲れない固さの革張りの椅子です。

小さな仏壇も仏間からリビングへ引っ越して同居です。

朝、お水を替えて、ロウソクを灯し、お線香をあげ、「やッ、おはよう」でおしまい。

かつてはゴルフのパター練習用のグリーンセットもありました。

整理は「要る」「要らない」の点検。一瞬で判断するのがコツです！

「どうしてもキッチンの整理ができないのです！　先生、来てくれませんか⁉」と、20年来の料理教室の生徒さんに頼まれました。

もちろん、整理するのは当の生徒さん。床に新聞紙を広げ、流し台下の引き出しの中身をガバッとあけます。「捨てるもの」と「迷ったもの」用の2つのゴミ袋と、「本当に要るもの箱」を用意します。

黒いエボナイト製のアイスクリームスクーパー。手に取ると、「なんとなく要るかも〜？　でもアイスクリーム（500㎖）をカートン買いして友だちとパーティーをした時代は過ぎたんですよね。私も変わっていこう！　要らない！」。ポンとゴミ箱に。では100均のねぎナイフは？　手に持つと、「それ絶対、要る！」。

水を張った鍋にセットする伸縮式の簡易蒸し器は、「最近、蒸し物しないけどな〜、でも……」と、即決できません。

迷ったものは、「迷ったもの用」のゴミ袋にどんどん入れます。「なんとなく要りそう」や、「う〜ん、要るかな」のものも同様です。これらはいったん押入れなどにしまい、半年ほど放っておきます。

コンビニの弁当に付いていたセロファン紙の袋に入った割り箸は？

「絶対、要る！」。「アッ、要るんだ。何に使うんだろう？」。これは私の頭の中の独り言。サポート役のこちらは絶対に声に出しては言いません。

テレビの収録のとき、「10秒でコメントを」とディレクターの指示があると、私は頭の中で時計の秒針をコチコチと動かしながらしゃべります。それから割り出すと、この選別に使う時間は2秒ほど。こちらはうなずくだけ。「本当に要るもの箱」に移します。

50代の彼女が選んで残ったものはそんなに多くなく、これで彼女にとって本当に要・不要のものが決断できました。あとは引き出しの中に自分が使いやすいようにしまうだけ。

これが、誰もが持っている整理する力です。あとですっきり片づいた引き出しの写メが送られてきました。

私は小さい頃から整理が好きで、自分で磨きをかけてきました。私にとって整理整頓は苦にならないどころか、すっきり片づいていく過程で快感を覚える遊びだったのかもしれません。

人間は毎日いろいろな場面で、「いちばん先にやるべきことは?」「後回しにしても大丈夫なことは?」と考えます。

常に自分の状況を俯瞰《ふかん》して考え、行動する。すると決めたら最後までやる。それが習慣になって段取り力はついていきます。「整理」は優先順位をつける段取り力を養います。

２０２０ＴＯＫＹＯオリンピックが終わりました。運動神経がいい、悪いと世間は言いますが、アスリートたちは運動神経がいいというわけではなく、たとえば走ることが好きで、練習を重ねて能力を上げ、オリンピックに出るようになっただけと誰かが解説していました。

「整理神経」は、実は誰にも備わっている力と思います。

「本当に要る・要らない」と自分の中から強く湧き上がってくる気持ちを磨いていくと、整理の力がついてくるのです。

その感情は「好き・嫌い」と似ていると思いませんか?!

パッと見てわかる仕掛け。もっとわかりやすく、もっとカンタンに！

仕事場のキッチンスタジオの話です。

塩、砂糖、強力粉、薄力粉、かたくり粉、天ぷら粉……と、白い材料が集合しています。おそろいの柄付き容器に入れています。たちまち「この容器に入れたものは何だっけ？」となるでしょう。

うちのスタジオでは、白のビニールテープを切って、黒の油性ペンで名前を書いて、ふたにも持ち手にも貼っています。

パン粉、昆布、ロックシュガーなど、白くない食材にも、容器に名前を貼りつけます。こうすれば何が入っているかひと目でわかり、絶対に間違えません。

私の自宅の冷蔵庫も同じ仕様です。梅びしお、いちごジャム、ゆかり、タタンジャム、梅ジャム、梅干し、甘酢しょうが、カリカリ梅、ホームメイドの甘酒、塩麹なども同様に名前を貼りつけています。

「もっとカンタンにならないものか？」と思い立ち、糊付き紙シールを使ってみました。あとがいけません。空になった容器を水に浸してラベルをツルリとはがそうとしたら、紙だけはがれて接着剤は容器にべったり残っています。容器を洗って拭き、コットンにマニキュア用リムーバーを含ませ拭き取る羽目に。

大変な手間仕事になりました。

私は思い立ったらすぐやりたい派。スタジオに〝住み込み〟で働いていますから、モノの移動はしょっちゅうです。

朝一番、出勤したスタッフたちを連れて、変更した箇所の説明に歩きます。私の料理教室が50年以上続いている理由は、スタッフ全員がパッと見てわかる仕掛けを作っているからかもしれません。

お年を召したら、これは絶対！ 高いところにモノはしまわない!!

コロナ禍で自粛中のある日、テレビを見ていると画面にヨチヨチ歩きの双子の赤ちゃんライオンが映りました。一昨年、母の日のプレゼントに、息子一家が連れていってくれた大分のアフリカンサファリパークの飼育員さんのレポートです。

「赤ちゃんライオンのリョーマくんが石段を登っているとツルッと足を踏み外し、顔面強打。すぐ起き上がって事なきを得たようです」

そうだ、私もこんなことがありました。

2階のキッチンスタジオの収納庫の中段の扉を開け、下から85cmの高さの棚板によじ登り、さらに90cm上にある天袋を開け、中の収納品を引きずり出そうとしたとき、棚板を持つ左手がツルッと滑り、ガッターンと転落。

後ろの煉瓦製の壁に後頭部をイヤというほど打ち付けました。「目から火が出る」とはこのことです。その頃は夫がいました。彼に助けを求め、夜の病院に運んでもらいました。ＭＲＩ検査で異常なし、無事解放されましたが、高齢者は「天袋は開かずの扉」にして、モノは入れないことですね。

といっても、おひとりさまがどうしても高いところに上らなければならないときもあります。そういうときは、

「よし、いまから上るぞ！」

と自分の頭によ〜く何度も言い聞かせ、滑りにくいソックスに履き替えて始める覚悟が必要です。

モノを幾通りにも活躍させる。するとと、モノは自動的に減っていきます

モノの使い道をひとつと決めないことも、整理して快適に暮らすコツです。幾通りにも使えば、モノの数が減ります。

末の息子が中学生のとき、友だちの家に遊びに行って帰ってきて、私に言いました。

「うちはよその家と、少し違うんじゃないの？」

どこの家に行っても、食卓の上に薬瓶、爪切り、体温計、しょうゆ差し、テレビのリモコンなどがのっていると、びっくりした様子です

「○○くんの家では、家族が共通で使う道具は食卓にのせておくのがルールなんじゃない？　わが家の食卓は作業台、がルール！」

と私。

「あなたが生まれる1カ月前に、お父さんとお兄ちゃんとお姉ちゃんとお腹の大きなお母さんがこのテーブルを買いに行ったの。幅90㎝×長さ190㎝。みんなでこの大きな木のテーブルを囲んで座ってみて、『うんっ、これに決めた！　子どもが増えてもゆったり座れる』と、大喜びしました。

ここで数え切れないほど食事をしてきました。あなたが赤ちゃんのときは流しに置いたベビーバスで行水をさせた後、産着を着せるのもこのテーブルだったの。当時は3歳のお兄ちゃんと2歳のお姉ちゃんが寝ているあなたの上をピョンと跳んだりすることもあったから、このテーブルで世話をすれば邪魔をされずに安心できる高さでよかったわ。

アイロンかけも、お姉ちゃんのワンピースを縫うのも、ほどいて洗って黄色とネイビーに染めた毛糸で、慶応のラグビー選手のジャージーそっくりのセーターを編んだのも、このテーブル。

ご近所の3人きょうだいとあなたたち3人、合計6人の〝保育園〟をそこんちのお母さんと交代でやっていたとき、食事もおやつも、このテーブルだった。大きなテーブルは何役もこなしていたから、モノは置けなかったのよ」

と、説明しました。

「じゃ、いまはみんなが大きくなったのに、なぜ、モノがのってないの？」

と息子は尋ねます。

「わが家では、薬ビンや爪切りや体温計は洗面所の鏡付き扉の中、しょうゆ差しは調味料棚、リモコンはテレビ台の上。それぞれ、所定の位置に置いてあるでしょう？　それがお母さんのルールなの」

大きなテーブルは何役もこなし、椅子の背も傷だらけになりました。苛性ソーダ液でアク洗いし、ニスを塗り替え、椅子のマットも職人に張り替えてもらったりしながら、約50年が経ちました。

テーブルを、そしてわが家のルールを不思議に思っていた末の息子は、社会人になったとき、そのテーブルを自分のアパートに引き取りました。家庭を持ったときは食卓として、いまは新築の彼の家の書斎でパソコンを置き、勉強する机に使っています。まだまだ現役。その時々で違う役目を受け持ってくれています。

人生100年時代 栄養をアナログで伝えられる料理研究家

1989年、末の息子の大学進学を機に、福岡にスタジオを建て、北九州市の社宅を出ました。祖父の世話も終わりました。念願の中央のメディアに復帰の時がきました。仕事でコツコツためたお金、実家の父の遺産もすべて使って、東京・西麻布にキッチンスタジオを作り、(株)ムラカミアソシエーツを設立。

東京を離れていた17年間に整理したバインダー2000冊、レシピや資料40万点をもって上京。

食物栄養学科を卒業したばかりの料理研究家志望の若い女性たちを社員に雇い、私は福岡と東京を毎週飛行機で飛んで、両方で仕事しました。

料理技術は3年もあれば習得できますが、その先独立して活躍していくためには、自ら提案して仕事をつかむ力が必要です。大学で学んだ栄養学の根拠をわかりやすい言葉におきかえて、食材と調理法を組み合わせ、「あッ、これカンタンでおいしい、家でもやってみよう！」と思っていただけるか。

人生100年時代の家庭料理を身につけて一本立ちしてほしいと願います。

ここで大切になるのが「整理する力」。

「情報の整理」と「モノの整理」は同じです。

①同じジャンルでくくり、②場所を決め、③すぐに取り出せるようにしまうことです。

スタジオには月刊誌、単行本、学術書などが届きます。それらをページごとにジャンル分けし、パンチして、バインダーの背表紙に合わせ、綴《と》じていきます。

「肉じゃが」のレシピを持ったスタッフが、牛肉のバインダーの前でたたずんでいたことがありました。「肉じゃが」はじゃがいも主体の料理。牛肉はうま味だし素材として使われていますが、牛肉をふんだんには食べられなかった時代に付けられた料理名。「じゃがいも・煮る」のバインダーの副素材・牛肉のところに収めて完了です。

「肉じゃが」のバインダーには200枚はくだらないレシピが保管されています。


私の大学の教え子で、この人が社員として働けるようにと設立したムラカミアソシエーツに入社した山下圭子さんは、「食」の全体系をたちまち理解して私の右腕になるほど成長しました。出張先で急に必要になった資料やレシピを頼むと、「先生が言うのだから、あるに違いない」とその1枚を探しあて、FAXやメールに添付して送ってくれました。

完璧にこたえられるようになった山下さんはいま、高齢者施設の第一線で活躍。先日も母校で、コロナ禍で実習の機会を失った健康栄養学科の3年生にオンライン講義を行ったとメールで知らせてくれました。

どんなにAIが進んでも、食事を作る部分は残っていきます。

ずっと進行形でいたいから。自分が自分に飽きないための小さな工夫

80年近く人生を歩んでいたら、「あれ？　最近ちょっとマンネリ化してる？」とふと思うことがあります。

といって、自分という人間そのものはそうそう変わるものではありません。

そこで気づいたのが、自分の環境を変えればいいんだ！　ということ。

ちょこちょことリビングキッチンの中を変えます。

飾っている花も、フリージア、モッコウバラ……活けるのはいつも1輪ですが、花があれば部屋の香りも違います。雰囲気も変わってきます。

私のところで10年働き、いまは調剤薬局で仕事をしている元スタッフのやっちゃ

んに言われました。「先生は一生終活よ！」

家の造作を人生に合わせながら臨機応変に変えていく、というイミです。

2020年春、コロナ禍でステイホームのとき、「しめた！　チャンス到来！」と3階の亡き夫の書斎に放り込んでいた資料を、2階のスタジオまで下ろしました。

やっちゃんの言葉を裏付ける資料が出てきました。

バインダーは村上祥子の仕事履歴、水の研究データ、20年間続けたミニシェフクラブ（全国を回り、のちに東京と福岡で年に各4回開催）の記録、客員教授をしている大学のテキスト。

そして、スタジオの改装記録です。成城で1回、落合で1回、北九州の社宅で2回、西麻布のスタジオを作る前の三田で2回、神宮前で1回、福岡で6回、西麻布で6回、合計18回改装しています。改装業者の見積書や請求書も残っていました。

人生、やりたい放題、好きなことをやってきました。それらを一度も止めなかった夫がスゴイ！　何も言わずにやらせてくれた彼に感謝です。

私の父は晩年、肺気腫を患っていて、室内を移動するのも大変な状態でした。福岡の自宅兼スタジオには、父のために小さなエレベーターをつけました。

コロナ禍の自粛要請で教室を閉めていたため、スタッフはお休み。バインダーを移動するのは私一人。3階から2階への資料の移動の力となってくれたのは、ほかならぬこのエレベーター。バインダーをはかってみました。一冊2kgです。

2020年4月から休んでいた教室を7カ月ぶりに再開したとき、生徒さんたちは辺りを見回して、「また変わってる!」と。

資料の移動に合わせて、2階のスタジオもオープンキッチンスタイルに改装。空いたスペースに事務室と書斎を作りました。バインダー975冊は書斎の隣、応接スペースの窓の前に設置した本棚に並べます。書き物の仕事が増えたコロナ禍のいま、快適に仕事が進みます。

私の人生は、こうしたらいいんじゃない? と思いついたらフットワーク軽く変えてみる、マメさの集積です。

2章

70代だって働きたい！
仕事の整理術

働くこと・家事・日課について。無理なく楽しく

元気だから働いているのではなく、働いているから元気なのです

仕事っていいものです。ひとつの仕事が終わったときにいただくメールは、「次にお目にかかれることを、とても楽しみにしています」と、結ばれていますから。

仕事はいつもスムーズに進むわけではありません。そのときの仕事の相手に、情熱をもってこちらの意図するところをかきくどくように伝え、私は仕事を進めていきます。逆に、「おッ、そういうことでしたか！」と、こちらの思い違いを正すことも多々ありますが、どちらの場合も最後は「また、よろしく！」の言葉で結ばれます。

社会通念、ビジネスマナーのなせるワザ、とわかっていますが、まるでラブレターみたいと上機嫌になり、次の仕事へのエネルギーをチャージできます。

私を動かす原動力となっているのは間違いなく仕事です。よく「お元気だから働けるんですね」と言われますが、ちょっと違います。働いているからこそ、常にエネルギー満タンでいられるのです。

27歳のときにスタートして、仕事人生50年が経ちました。

料理家は時代の風をよみ、いま必要な食べ方や健康情報を盛り込んだレシピを届ける仕事。いつの時代も、「身近な食材でよりカンタンな作り方でおいしい！」が求められてきましたが、いまや、「食材は1人分や2人分でキリよく表示」を心します。家族4～5人分といった量ではなく、少ない量でもおいしくできるレシピが求められているからです。さらに、写真に撮って友人に送ったり、SNSなどに載せたりしたときに「キャー、オシャレ！」とハートに響くようなメニューとその盛り付け方も心がけます。

頭の中を整理し、常に新しいことを取り入れられる状態にしておくことで、長く仕事を続けていきたいと思います。

整理を助ける強力な助っ人は、なんと50年選手！

私は「整理魔」と呼ばれるほどの整理好き。

「混沌としていた机の上があっという間に片づいていく」と、秘書の松尾さんは言います。

整理とは、①「同じジャンルで束ねる」、②「使いたいときに使えるように場所を決める」、③「そこにすぐ取り出せるようにしまう」こと。「あっという間に片づく」ということですから、そのスピードが速いということでしょう。

分類でき、収めるスペースがないときは幅30㎝×縦39㎝の教室の配膳盆にのせます。量が少ないときは目玉クリップではさみ、〝青春出版社様〟と明記したポストイットをぺたりと貼ります。これも整理です。

末の子が生後3カ月の時から、アメリカの婦人に日本の家庭料理を教える教室を始めました。その頃は机に向かう仕事はしばしば中断。羊羹の入っていた紙箱に入れてふたをして棚の上に。

松尾さんが言う「混沌とした机」の上にあるのは、出版社から届いたゲラ刷りの校正紙や作りかけのレシピ、PCから打ち出したメールや資料などすべて「紙」です。これからの行き場所は、コクヨ－ハ400（A4サイズ）と、コクヨ－ハ423（B5サイズ）の布貼りバインダー。

50年前、大分市府内町の文具屋さんで見つけて購入。今は廃番ですが、布貼り・木製の経理元帳・金銭出納帳・売上帳・仕入帳用です。

紙用裁断機は、MATTSpS－3というステンレススチール製。

厚い紙でもコピー用紙なら12枚重ねてパンチできる30穴用穴あけ機は、PLUS製。銀座の伊東屋で購入。1985年時点で4万1500円でした。

いずれも現在まで、壊れたことがありません。

できないことはない！　やったことがないだけなのだ！　と自分に言ってます

おかれた環境によって仕事の方向性を変えなければならないことがあります。家庭の状況で、働くことそのものを中断せざるを得ない女性も多いと思います。

私もそうでした。夫に転勤の辞令が出れば、私は仕事をたたんで子どもたちと一緒についていきました。舅《しゅうと》の遠距離介護もしました。自分の手術を受けながら働いた時期もありました。

でも、いったん中断やスローダウンを余儀なくされても、意欲を持ち続け、自分自身のブラッシュアップさえ怠らなければ、次の仕事の機会は必ずやってきます。

「できないことはない！　やったことがないだけだ！」が私のモットーです。

読者のなかには、退職されたかたもあるかもしれません。もしも気持ちがあれば、生活の糧にならなくても、仕事をされてみるといいと思います。

私の知人で、学童保育を手伝っている方がいます。地域の小学生の登下校時の交通安全を見守る活動なども、シニアの方が活躍されているようです。自身の特技や知識、経験、やる気を活かすことができ、人の役に立てれば、それこそが生きる力になります。

さて、私の仕事の話に戻りますと……レシピを作成し、出版社の編集部の方の立ち会いで撮影し、原稿を修正し、データで納品。「このたびはありがとうございました」のメールを添えてお届けします。

その編集者からこのようなお返事をいただきました。

「このたびは、村上先生のお知恵とエレガンス、それから生涯現役というテーマをいただきました。落ち着かない日々がもうしばらく続きそうですが、また福岡でお目にかかりたく存じます」

嬉しいですね！　こういうやりとりができるのが何よりの喜びです。頑張るぞと、次の仕事に取り組む私です。

仕事をためない究極のコツはひとつだけ。相手の立場を思うこと

「仕事でやらなければならないことがあっても、つい先延ばしにしてしまうんです。それで期限までの時間がなくなってあわてることがしょっちゅう。仕事をためないコツってありますか？」

教室にみえている栄養士の方から、尋ねられました。

私の頭にあるのは、仕事でタッグを組んでいる人たちのことです。料理研究家の仕事は一人ではできません。出版社やテレビ局、フリーのライター、カメラマン、スタイリスト、私のスタッフたち……私が早めに原稿を作って渡さないことには、その人たちの準備の時間がどんどん減っていきます。

一緒に仕事をしている人たちに迷惑をかけてはいけない、という強い思いがある

ので、後回しにせず、仕事をためずにいられます。相手の時間とは、そのときの仲間たちが私から受け取った原稿をもとに、頭の中で考えを温め、孵化《ふか》させる時間のことだと考えます。

よっしゃッ、これで完了。

と、PCをシャットダウンして、自室に戻ります。いつも、21時頃です。

食事をして『ニュースウオッチ9』を観て、就寝。

翌朝、目覚める頃には、あそこはこうして、ここはこの出だしで……と、思いをめぐらせ、原稿のやり直し。

チームを組む仲間たちもこの調子だと思うのです。

……と、仕事に関してはキッチリ、ビシッとしている私ですが、これが私生活となると、出かけようと予定していた時間を過ぎてしまいそうになることもしばしば。バス停でタクシーを止めることもあります。

でもプライベートなら、タクシー代がかかる、1日1万歩の目標値が達成できない、予定を変更しなければならない……など、迷惑をこうむるのはムラカミ一人だけ。仕事をためないコツはやっぱり、他人という存在です。

仕事の現場では思いもよらぬことが起きます。テレビ局でリハーサル中に、カメラの電源が切れたこともあります。原稿をPCでワード文書に仕上げる20年来のスタッフはテレワーク。ある朝、電話もFAXもメールもつながらない。本人に異変がおきたのか?!　と電報を打ちました。

やっと公衆電話から連絡がきて、前日の豪雨で家のまわりの回線が水没。修理の人を頼んだとか。

その都度、状況を把握して、手を打つ。やるべきことを決める——要・不要の判断が不可欠な暮らしの整理も同じかもしれません。

義理を欠かずに賢く端折《はしょ》る

子どもが3歳、2歳、0歳のときから仕事を始めました。朝起きたら、その日やらねばならないことをメモ用紙に書きます。その頃は、新聞の折り込み広告の裏面の白紙を切って使っていました。

いまや、私も小金持ち。貼ってはがせる付箋《ふせん》を使います。

「付箋1枚に1用事」を大きな文字で書き、B4のコピー用紙にペタペタと貼っていきます。スタジオのスタッフがその日取り組む仕事も付箋1枚に1メモです。

オイルトラップの掃除、ガラス窓拭きなどの作業も、りんごのタタンジャムを作る、とろとろプリンを仕込む、本日の客人には桜餅ゼリーにゆで小豆・黒蜜・きなこを添えて、ランチは牛すじカレー、コールスロー、食後はコーヒーといちごアイスクリーム、といった料理メモも一つずつ付箋に書いてペタリ。

スタッフたちは自分の得意分野から片づけていき、終わったメモはピッとはがして処分。

用事が終わって付箋をはがす瞬間って、達成感があって気持ちのいいものです。

私のある日の「付箋1枚に1用事」メモです。

①スーパー（牛すじ肉、香るバルサン、洗濯用洗剤）

↓

②お寺（お墓参り）

↓

③区役所（期日前投票）

↓

④キンコーズ（名刺引き取り）

←

⑤ 岩田屋（ドンクでバゲット）

これらの付箋を見ると、私自身がやらなければならないことは、お墓参りと期日前投票だけ。それ以外のことは忙しかったり、仕事が手一杯だったりしたらほかの人に頼むのもあり、です。

体はひとつですから、端折《はしょ》れることは端折る。ただし人に頼むときは義理を欠かずに。これがムラカミの流儀です。

2001年の社会人川柳にこんなものがありました。

「IT化　課長の面倒　誰がみる」

昨今は60代、70代でも、スマホもiPadもパソコンも達者に使いこなしている方が増えました。ですが、そうでない方もいます。

こういったデジタルツールを使うとき、お子さんやお孫さんに「ねぇ、ちょっとやってくれない？」と頼むのはいけません。頼むこと自体はいいのですが、私が臨

時に人を頼むときのように、

「○日の○時～○時の○時間。時給○○○円。交通費出します」

と、はっきり仕事として依頼したらいいと思います。

お孫さんでもお隣の大学生でもいいです。時間と対価が決まっていれば、気持ちよく引き受けてもらえます。

もしも自分が頼まれる側だったら、と考えればおのずと、とるべき行動はわかりますね。

義理を欠かない端折り方を実践すれば、70歳になっても、80歳になっても、自立したシニアでいることができます。

「急がば回れ」「チャチャッと手早く」どちらも正解です

料理の撮影に入ったら2本の脚で立ちっぱなし、動きっぱなしです。途中で腰掛けるのはランチの時間ぐらい。

東京から出張で来ている編集者が最終便でお帰りとわかっていて、午後もまだ撮影する料理の数が多ければ、スタッフには座ってランチをとってもらいますが、私はおにぎりを口に入れるぐらいで仕事を続けます。

仕事を段取りよくこなしていくために、体を動かすだけでなく頭の中を整理しつつフル回転させ、常にいくつもの作業を並行して進めています。

こう言うと、ものすごくせっかちだと思われるかもしれません。確かに私はスピーディーに仕事を進めていくのが好きです。

他県に住む息子から、「決して若くはありませんので、くれぐれも御自愛ください」と、釘を刺されます。

健康な体あってこそ、好きな仕事をとことんできるわけです。

ひとつしかない自分の体をなるべく故障なく長く使っていくには、「急がば回れ」の精神でよい食習慣を続けていくことがいちばんです。

たとえば私は、高脂血症予防のため、毎日、豆乳ヨーグルトを食べています。カンタンに手作りできます。

豆乳ヨーグルト

【材料＝出来上がり585g】

市販のヨーグルト60g、豆乳500㎖（525g）

【作り方】

① 耐熱容器に豆乳を注ぎ、電子レンジ600Wで3分加熱。これで60℃前後に

なり、乳酸菌が繁殖しやすい温度帯になる。

②❶に市販のヨーグルトを加えて混ぜ、ふたをして室温に冬は2時間、夏は1時間おく。

③ヨーグルト状に固まれば出来上がり。冷蔵で1週間保存できる。

スタッフにも健康のおすそ分け。豆乳ヨーグルトから、コーヒーブレイクに出す、豆乳ヨーグルトゼリーを作ります。

豆乳ヨーグルトゼリー

【材料＝70㎖容量のカップ12個分】

A（豆乳ヨーグルト585g、植物性生クリーム200㎖、砂糖60g、アーモンドエッセンス、バニラエッセンス各少々）、粉ゼラチン1袋（5g）

【作り方】

①小さめの耐熱ボウルに水大さじ2（分量外）を入れ、粉ゼラチンを振り入れ、すぐに泡立て器で混ぜて2分おく。電子レンジ600Wで20秒加熱して溶かす。
②ボウルにAを合わせ、❶を加えて混ぜる。
③取っ手付きの500㎖メジャーカップにボウルの中身を移し、70㎖容量のカップに9分目まで注ぐ。

手順③で、大きなボウルからカップに直接移そうとすると、あふれたりして大変。洗い物はなるべく増やしたくないと思っていますが、メジャーカップに移してからカップに注ぎます。注ぎ口のおかげでこぼさずに入ります。これこそ、「急がば回れ」です。

さて、こうして日々、おいしいメニューをたくさん生み出している2階のスタジオ、1日の仕事を終えたら掃除機をかけ、モップに固く絞った雑巾をはさんでキュッキュッと拭きます。拭き終わった雑巾は石鹸をこすり付けてもみ洗いし、ゆすいで絞り、タオルやふきんと3階の洗濯機まで運んで洗います。

このとき、2階から3階へ上がる階段も雑巾で拭きます。一番下の段から、雑巾で1段1段拭きながら上ります。最後まで来たら風呂場で石鹸を付けてもみ洗い。バケツでゆすいでスタジオの洗いものと一緒に洗濯機に。

わざわざ意識して始める掃除ではなく、床のついでに階段も雑巾で拭く。清潔になった階段は上り下りのたびに気持ちがよいものです。

この拭き掃除のようなやり方を、昔から「ついで働き」といいました。じっくり計画してやるのではなく、何かの目的で動くついでにほかのこともチャチャッと済ましてしまう効率のいい方法。

健康によい食べ方を飽きずに毎日続けて病気を回避するのも、ついで働きで手早く掃除することも、ムラカミにとっては人生を快適に楽しく生きるための整理です。私の実践している「小さな暮らし」には、「急がば回れ」も「チャチャッと手早く」も必要なのです。

スタッフとも家族とも、スケジュール帳を共有する、時間の整理術

コロナ禍以前は、自称・空飛ぶ料理研究家。スタジオのある福岡から東京へ、翌週はどこそこへ、と飛び回っていました。

そして一緒に仕事をしているスタッフたちは、家庭の事情で出勤日も勤務時間もまちまちです。

そんな私とスタッフたちがスムーズに仕事を進めるために長年愛用しているのが、見開きが1週間分のスケジュール帳です。

私が不在のとき、スタッフはスケジュール帳を見ればどこに行っているかがわかります。「○○さん：お姑さんの定期検診のため午後から出勤」などスタッフの都合も書き込みますから、お互いのスケジュールを把握するのに便利です。このスケ

ジュール帳はダイゴー株式会社製。商品№.Ｅ１０４２。税込２４２０円（２０２１年現在）。愛用歴20年となりました。

思えば、夫と学齢期の子どもたちと5人暮らしだった頃、「3日は夕飯いらないよ」「あさってから補習授業が始まるの」「5日に定期券購入お願いね」と、家族がそれぞれのタイミングで私にスケジュールを言ってくる毎日でした。朝いっせいに出かけ、日暮れ時に戻ってくる夫と子どもたちを、私は大船、小船と呼んでいましたが、私のことを港の目印になる小さな灯台のように思って用事を頼んでいたのだと思います。

ただ、頼りにされるのはいいのですが、頭の中で用件が渋滞して混乱するばかりだったのも事実。そこで、家族みんなで書き込める大判のスケジュール帳を用意して電話の横に置くことにしたのです。

そのスケジュール帳は、縦割りで見開きが１週間分でした。

日曜日までに家族めいめいが、お弁当の要・不要、部活の有無、病院の予約日時など週明けからの予定を書き込み、夫には夕食の要・不要も書いてもらいます。その下に私の予定を赤字で記し、お互いに尋ね合わなくても行動予定がひと目でわかるようにしていたのです。

当時は仕事の電話も自宅の黒電話で受けていました。私が不在のときは電話をとった子どもが、相手の名前や会社名と受けた用件を空欄に書き留めてくれていました。執筆依頼、親戚の冠婚葬祭、品物の配達日など本当に何でもです。当時、子どもたちは私の大事な「セクレタリー」でした。

共働きが当たり前になった時代です。一家の主婦はみな忙しいです。共有のスケジュール帳で家族の予定をスムーズに把握できる仕組みを作っておくと、何度も確認しなくて済むのでムダが省けます。いつまでに何をやればいいか決めやすく、時間が気持ちよく整理されていく実感を得られます。

制限時間が来たら、やり残した家事は放ります

3階は私のプライベートの場所。あらゆるところに時計があります。枕元には目覚まし時計、リビングの仏壇の上に掛け時計などなど。そして私の手首には腕時計。いつでも時計が見えるようにしているのは、やり残したことがあっても、時間が来たらそこでストップして次のタスクに進むためです。

私の朝の日課です。

① 4時30分　プライベートスペースの3階で起床。布団をたたむ。
② ミルクティーをいれる。牛乳、プラチナミルクforバランス（大人のための粉ミルク）、砂糖を加えていただく。

③ 5時　テレビをつけてNHKのニュースを流す（家事をしながら耳で聞く）。
④ 5時　仏様に水をお供えする。
⑤ 5時10分　冷凍ご飯をチンしてお供えする。
⑥ 5時20分　ロウソクを灯してお線香に火をつける。部屋中にいい香りが漂う。
⑦ 5時30分　洗濯物をたたむ。
前日の朝、お風呂に入るときに洗濯をし、風呂場に干しているので、たたまないと浴槽にお湯をはれないのです。否応なく家事をする仕掛けです。
⑧ 6時　1階に下りる。
⑨ 門を開ける。
⑩ 朝刊を取る。庭を掃く。
⑪ 6時30分　3階に戻る。
⑫ 6時40分　もう一度ミルクティーをいれる。にんたまジャム®（123ページ参照）を1さじペロリといただく。新聞に目を通す。
⑬ 6時50分　たんぱく質食材50g＋野菜100gをひと口大に切ってフリーザー

バッグに入れて冷凍している「一人分冷凍パック」を耐熱ボウルにあけて600Wで4分チン。そこに水と液みそを加えて3分チンする。
⑭ 7時　仏様に供えた残りのご飯に卵を割り落とし、半熟卵作りとご飯あたためを600wレンジ2分チンで。
⑮ 7時　ヨーグルトや納豆も準備して朝食をとる。
⑯ 7時15分　3階の自室を掃除。掃除機またはフローリングワイパーをかける↓固く絞った雑巾で拭く。
⑰ 7時30分　浴槽に湯をはる。
⑱ 7時30分　トランポリンを100回、ただ上下に跳ぶ。
⑲ 8時　入浴↓洋服を着てメイク。
⑳ 9時　2階に下りる。
スタジオに出勤し、仕事スタート！

文字にしてみると、けっこう多くのことをこなしていますね！

日課を滞りなく進めて決まった時間に終えるコツは、自分で決めたタイムテーブルの通りに進め、やり残したことがあっても途中でもやめること。何か急に思いついても、時間がなければその場ではやらないことです。

たとえば⑯の掃除。やっているうちに「あ、冷蔵庫の上も拭きたい」などと思っても、時間がなければきっぱりあきらめる。あとで改めて時間をとって行ったほうが、中途半端に掃除するよりもずっときれいになるものです。

モノが増えれば、しまう場所もやることも増えるだけ！　それなら、こんな段取りはいかが？

私は昭和23年、小学1年生になりました。当時は疎開先の半農半漁の町の生活です。

モノが潤沢《じゅんたく》にある時代ではありませんでした。でも、数の限られたモノを工夫して最大限に活用する生活は子ども心に面白く、出征していた父も戻って一家そろって暮らせるようになったこともあり、家族の笑顔とともに大切な思い出となっています。

ひとり暮らしになったいま、私はその頃のようなこざっぱりした生活をしていきたいと思っています。少ないモノを段取りよく使い、できる限りロスを減らし、ゆったりと豊かな気持ちで毎日を過ごしたいと思います。

たとえば、お風呂に入るときに私が使うのは浴用タオル2枚だけ。年賀の挨拶に工務店からもらった、鯛を釣り上げた恵比寿様や、羽子板、風に舞う凧《たこ》などが極彩色でプリントされた薄手のものです。

お風呂に浸かって体を温めます。洗面器に湯を汲んで1枚のタオルを湯に浸して軽く絞り、固形石鹸をこすりつけ、縦長に折りたたみ、左右の手で両端を持ってその部分をギュッと絞り、そのまま背にまわして左右にキュッキュッとこすって背中を洗います。

次いで両腕を洗い、広げてたたんで体全体を洗い、最後はゆすいで絞ります。髪も洗います。お風呂にもう一度浸って、体を拭きます。髪はもう1枚の乾いたタオルで拭き、それを二つ折りにして浴室を出たところの床に置き、足の裏の水分を吸わせます。バスタオルはなし。厚手でかさばる足拭きマットもなしです。

入浴が終わったら、ほかの洗濯物と一緒に2枚のタオルを洗濯機にかけます。仕上げ用の柔軟剤は使っていません。

脱水が終わったら1枚ずつパンパンと広げ、浴室の天井から吊るした物干しピンチに挟んでおしまい。手間は最小限で体も気持ちもサッパリスッキリです。

用途を細分化すればするほど、家の中にモノが増えます。モノが増えればそれらをしまう場所が要ります。消耗品なら残量を把握して時期をみて購入、という仕事が増えます。

何が必要で何が不要かはその人の生活スタイルによりますが、本当に必要なモノだけを選んで段取りよく使えば、多くのモノを持たなくても充分快適な「小さな暮らし」ができると思います。

「私ばっかり家事をしている」と思わない
いい方法があるんです

コロナ禍で家人の在宅勤務の時間が増えて、なんだか私ばっかり家事をしている……と、モヤモヤをため込んでいるあなたにお尋ねします。

新型コロナウイルスのまん延防止等重点措置が施行される前、相棒が出勤していたときに戻って考えてみます。

日常的な家事はいつも自発的にやっていると思います。その家事を付箋1枚にひとつずつ書いて、A4やB5のコピー用紙、またはチラシの裏の白い面などにペタペタ貼ってみます。

「ごはんの準備、朝も昼も夕も私がやっている！」

改めて文字で目にすると、ムムムッと不公平感が募ります。

でも、ちょっと考えてみましょう。朝と夕は今までもやっていた仕事だったら、突然増えた仕事は、昼だけです。

とすると、解決策が見えてきます。お昼ごはんは、

① コンビニで弁当を買う。

② ウーバーイーツなどで好きな料理を取り寄せる。

③ 相棒に作ってもらう（or 作らせる）。

出来上がった料理にひと言もクレームを付けない、が守れるなら❸もありだと思います。

私は長年、小・中学校に出張し、食育授業をやってきました。

授業参観に来ている保護者の方たちに、「手出し、口出し無用に願います」と、最初に釘を刺すのですが、どなたもわが子が気になって仕方がありません。自分の

思い通りに息子や娘がやっていないと気が済まないようで、近寄っていって、こうしなさい、ああしなさい、の連続。講師の村上祥子がいるのに、です。

相棒にごはん作りを任せると決めたら、どんなにあれこれ気になっても、口を出すのも手出しするのもやめておきます。作っていくうちにアドバイスを求められることもあるかもしれませんが、そのときは、今後の意欲を削《そ》がないように伝えます。自分ばっかり気を遣っているみたい、と思われますか？　でも、そのぐらいのことで、日頃不満に思っている家事の手間を整理できるのならお安い御用ではありませんか？

ご自分のいつもの態度を、第三者になったつもりで冷静に観察できれば、家事が増えてたまらない、という不満は解消できると思います。

「あげる」けれど「もらわない」これが、究極の整理術

街頭で配られるポケットティッシュや、化粧品を購入すると付けてくれる試供品。相手が気を悪くしない程度にやんわりと断るようにしています。

うっかり受け取ったら最後、わが家に逗留《とうりゅう》を始めますが、処分しようとすると、「新品なのに捨てるの？」とうしろめたい思いに。モノのない時代を経験している身としては自然な心の動きです。

ファンデーションが残り少なくなりました。化粧品売り場に出向きます。詰め替えが終わると販売員の方が、

「ところでお客様、ただいま春のキャンペーンを行っております。化粧水や乳液の

小瓶も入っているパリでデザインした黒のポーチはいかがですか。○○○○円以上お買い上げの方にさし上げています」

確かに素敵ですが、私が使っているもので間に合います。「また次のときに」と、売り場を去ります。

品物をもらうということは完全に受け身。親しい人や仕事をともにした人との交流のなかでいただくものとは違います。使う目的がないものは、ただたまって家の中のスペースをとるだけです。

仏間に一人でいるのは淋しかろうと、仏壇をキッチンに移しました。仏壇の入っていた棚の下段は線香やスーツケースの収納庫です。上段の元仏壇スペースの内径は幅85㎝×高さ150㎝×奥行き85㎝。この天井の近くにスチールパイプを付けてもらおうと、なじみの工務店の人に来てもらいました。

「奥さん、ここ、両開きの襖扉がついていましたね。跡がありますよ。扉、処分しちゃったんですか⁉」

忘れていました。その通りです。再び扉を作ってもらいます。何でも処分のムラカミのせいで余分な出費です。新たな収納スペースができました。

その中にスチールパイプをつけ、すべて処分するのはしのびないと残した夫の背広と、私の喪服をしまっています。あとはご厚意でいただいた贈り主がわかる品物を。いまは、新品のハンカチ、赤いマグカップ、奄美大島の生姜糖、伊勢神宮のわかめの佃煮など。しばらく経つと「あッ、欲しい」という人が現れて、もらってくれます。


一人で食べ切れない到来物の野菜は常備菜を作り、自分の分を残してお嫁さんや秘書に尋ねます。欲しいと言われれば、秘書には保存容器に入れて渡し、離れて住むお嫁さんにはクール便で送ります。

お菓子なら仏様に上げてお線香をあげてチンとしたら、たちまちおろして、おやつの時間にスタッフたちとお相伴にあずかります。

私は「すぐやる課*」の課長さんを自認しています。「小さな暮らし」を維持するために、まずは余分なものを家に入れない工夫。ご厚意のいただきものは近い人とシェア。こざっぱりと暮らすには、やっぱり頭も体も使って動かなくてはなりません。

*いまから50年以上前の昭和44年、千葉県松戸市で最初に誕生した、反応が鈍いお役所仕事の追放を目指した全国初の困りごと即応部署のこと。

3章

料理は食材、そして頭の整理にもなる

手間をかけずにしっかり食べる・使い切る

体によくて脳にもいい
ひとり暮らし「食材使い切り」の術

私、村上祥子は79歳。このまま元気にいけば……と考えると、100歳も現実味を帯びてきました。細かいことはくよくよせず、いままで以上にエネルギーを発揮してこれからも生きていくつもりです。

どんなに年をとっても体のために、たんぱく質、脂質、炭水化物を満遍《まんべん》なくとらなければなりません。司令塔の脳が使えるエネルギーは、炭水化物を分解してできるブドウ糖だけ。筋肉を動かすエネルギーもブドウ糖によるもの。栄養不足になったら大変です。

久しぶりに訪ねてきて食卓を囲んだ息子たちが、

「きちんと食べているんだねえ！」

と感心するほど、多種多様な食材を日々食べている私。多くの食材を整理し、きれいに使い切ることは、体だけでなく脳の活性化にもつながると思っています。ムラカミ流を紹介します。

(1)袋から出してふた付き容器に

何気なく料理に使っていますが、日本はうま味食材の乾物がいっぱい。小さめのいりこ(煮干し)、小さめの桜エビ、ちりめんじゃこ、削り節、とろろ昆布など。カルシウムやビタミンDも豊富で、メニューに変化もつきます。

いりこは1パック20gと少ないものですが、一度に食べ切ることは難しい。購入したら、ふた付きの樹脂容器(350㎖・縦10㎝×横10㎝×高さ4・5㎝)に移します。白ビニールテープに黒の油性ペンで「食べるいりこ」と書いてペタリ。そして冷蔵庫へ。その他の乾物も同様にしています。こうすれば冷蔵庫の中で迷子になることもなく、思いついたときにサッと使えます。

昨夜も、北海道から届いたアスパラガスをオーブントースターで焼いて、チョンチョンと切って器へ。ちりめんじゃことオリーブオイル、酢をたらりとかけていただきました。

（2） キャベツの硬い外葉は買ったその日に食べる

キャベツをまるごと1個購入。一番外の葉はいかにも硬そうです。でも、じつはキャベツの養分が一番含まれているのがこの外葉。その養分は「ファイトケミカル」。自分で動けない植物が、外敵や紫外線の害から自身を守るために作り出すもの。クロロフィル、イソチオシアネート、ルテインなど、身体に補給したい栄養成分。

外葉を2枚ほど（100g）せん切りにして耐熱皿へ。豚バラ肉薄切り1枚をざくざく切ってしょうゆ小さじ1ほどをまぶしてキャベツにのせ、ふんわりラップをかける。電子レンジ600Wで2分チン。これで「豚バラのキャベツ炒め」完成。豚肉のうまみと脂がキャベツにしみておいしい。油をひいてフライパンで炒めるよりカンタンです。

買ったその日に食べてしまえば、冷蔵庫で場所をとることもありません。

（3）余った常備食を一発で片付ける

食事が淋しくならないように、常備食を2〜3種冷蔵しています。カルシウムとビタミンD、血液サラサラ効果のオメガ3脂肪酸が豊富なサバの缶詰も常備食のひとつです。残り少なくなってきたら全部合わせて一品に。

油揚げの甘煮、オクラのたたき、少し余った缶詰のサバ、カニかまなどをマグカップに入れ、水150㎖を注ぎ、電子レンジ600Wで5分加熱。取り出して液みそ小さじ1を加えて混ぜれば、「五目卓袱《しっぽく》風みそ汁」完成。一発で食べ切る冷蔵庫の整理術。

（4）野菜100gのみそ汁

食べて生きていくために、ひとり分の量をわかっておきたいですね。量が多すぎたり少なすぎたりしては、健康を保つことはおぼつかないです。

たとえば野菜。109ページでご紹介する「食べ力®」で、1日350gの野菜を、と示しました。毎食きっちり3分の1ずつでなくてよいと思います。1回の食事で野菜１００ｇをとる、を目安に覚えます。デジタルの数字で表示されるはかりがあると便利です。

はかりにマグカップをのせ、目盛りを０に合わせます。ミニトマト、小松菜、ブロッコリーの茎のところを切って入れ、数字が１００ｇになったら、また目盛りを０に合わせ、水を数字が１５０になるまで注ぎます。水の場合、１ｇと１㎖は同じ重さなので、１５０㎖ということです。

そこに液みそ小さじ１（濃い味が好きな人は小さじ２）を加え、ふんわりとラップをして電子レンジ６００Ｗで５分加熱すれば、ひとり分の「野菜たっぷりみそ汁」が完成。

余った野菜でエコクッキング
冷蔵庫の整理にもなります

私たちの命を支える食べ物は地球環境と密接な関係があります。

食べるという営みは一生続ける必要がありますが、自然環境から生み出される食べ物の供給には限界があります。

日本では戦後、食べ物の種類や量が急速に増えました。

コロナ自粛のいまが、いいチャンスです。

私たちの一人ひとりが身の丈に合った暮らしを実践し、食べ物のムダを減らし、自分にとって「ちょうどいい」感覚をつかんでいくときだと思います。

ちょうどいい量を買い、食べ切る。ムダなお金を使うこともなくなり、冷蔵庫の整理もラクになります。

とはいえ、野菜が余ることもあるかもしれません。そんなときには火を使わずエコで、カンタンにできる小さなおかずをいかがですか。野菜の皮や茎も使えます。材料は冷蔵庫に残っているものでＯＫ。

ミックスピクルス

ごぼう、じゃがいもなどは軽くゆで、にんじん、きゅうり、ミニトマトなど生で食べられる野菜は切るだけで瓶に入れ、ピクルス液（酢１／３カップ、水１／４カップ、砂糖大さじ2、塩小さじ１）を混ぜ合わせて注ぐ。あれば、にんにくの薄切り、ローリエ、赤唐辛子、粒こしょうなどを加える。

塩水昆布浮かし漬け

白菜、キャベツ、小松菜、ターサイ、きゅうり、にんじんなどをポリ袋に入れ、４㎝角の昆布を加え、水１カップに塩小さじ1の割合で溶かした塩水を注ぎ、空気を抜いて口を閉じて冷蔵する。24時間たつと浅漬けに。食べやすいサイズに切って器に盛り、あればレモンなどを搾りかける。

自家製切り干し

料理を作るときに出た大根、にんじん、れんこんなどの皮をバットやざるにのせ、冷蔵庫の上に置く。触ってみればわかりますが、いまの冷蔵庫はトリセツに「壁から5㎝離して設置！」とあるように、外壁が放熱板を兼用しているので温かい。乾燥野菜作りに向いています。

外に干してもPM2・5が心配。乾燥させると重量は10分の1に。冷蔵保存できますが、さっと洗って固く絞り、市販のポン酢しょうゆ1：水2を合わせて漬ければ、20分ほどではりはり漬け。

変わり筑前煮

野菜の種類は問いません。

【材料＝2人分】

大根、にんじん、れんこん、ブロッコリーの茎、黄パプリカ、赤ピーマン、生しいたけ、じゃがいもなど合わせて200g、A（みりん、しょうゆ各大さじ1、和風だし（顆粒）小さじ1／2、ごま油小さじ1）

【作り方】

① 野菜は皮を除き、ひと口大に切る。

② 耐熱ボウルに❶を入れ、Aをかける。

③ ふんわりとラップをして電子レンジ600Wで4分加熱。取り出して混ぜる。

④ 保存容器に移し、冷めたらふたをして冷蔵。3～4日保存可能。

そのまま使える一人分冷凍パック
これは便利です！

一人分の食事を毎食作るのは、料理家のムラカミでも面倒に思うことがあります。といっても、三食食べないことには、身体がもちません。そこで考えたのが「一人分冷凍パック」。

（1）「4分レンチン！」で、出来上がる。
（2）1パックで1食分の栄養がまかなえる。
（3）火を使わないので安心安全。暑さ対策にもなる。
（4）子どもにもシニアにも調理を任せてOK。
（5）切り方が揃っていなくても、電子レンジなら均一に火が通る。

スープやカレーを作るときは水を加えますが、電子レンジ調理では、基本的に「食材+調味料」で調理します。耐熱容器でチンしてそのまま食卓に出すこともできます。洗い物が少なくて済み、片づけ仕事もラクです。P97の筑前煮のように余った食材で一品できます。ロスが防げます。冷蔵庫はスッキリ。レンジを使えば調理の時短になります。

材料4人分が主流だった時代から、ふたり暮らし、ひとり暮らし世帯が増えました。雑誌、単行本、料理教室でも2人分になり、いまや1人分のレシピが望まれる時代です。一人分冷凍パックは人生100年時代の究極のレシピです。

また冷凍庫に入れるだけで食材の保存期間を1か月間延長できます。

ところでみなさんは、「かってに氷」タイプの冷凍庫、しばらく使わないでいたら、氷片の表面がツヤッと光って、氷のかけら同士がくっついていることってありませんか?

これは、「かってに氷」タイプの冷蔵庫は霜がつかないようにしているから起こる現象。メーカーによって違いますが、一日に7～8回、庫内の温度を上げ、ついた霜を蒸発させて消し、もう一度マイナス15～20℃まで温度を下げる、を繰り返しているから……。

冷凍庫に入れても、品質が保証できるのは1か月。

一人分冷凍パックの作り方を紹介します。

①肉か魚などのたんぱく質食材50gと、好きな野菜（何種類でも）100gを食べやすい大きさに切る。
②Sサイズのフリーザーバッグに入れて口を閉じる。
③冷凍庫に入れる。

一人分冷凍パックはカット済みの食材だけということです。味付けの調味料を和風、洋風、中華、エスニックと変えればメニューが無限大に広がるからです。

たんぱく質食材50g＋野菜100gというルールがあるだけで、食材の組み合わせは自由。冷蔵庫に残った食材を組み合わせて作れば、思いがけずおいしい料理が誕生するかもしれません。

冷凍に向かない食材も基本的にはありません。一般に、こんにゃくは冷凍に向かないといいますが、解凍すれば水分が抜け、凍《し》みこんにゃくになり、シコシコした食感に。料理教室の生徒さんにも好評でした。

【冷凍パックの調理法】

加熱中のハジけ防止にパックの口をあけ、電子レンジにかけられるスープ皿などにのせ、電子レンジ６００Wで４分加熱します。

中身を皿にあけて味を付けます。

- ポン酢しょうゆ
- ごまだれ
- オリーブ油と塩、こしょう

・アマニ油としょうゆ

など、その日の気分でかけて混ぜれば、1品完成。

加熱した食材をマグカップに移し、水150㎖を注いで電子レンジ600Wで3分加熱。みそ小さじ2を混ぜればみそ汁に。

みその代わりにコンソメを加えれば、ポトフに。

同様に、ルウ1食分20gを加えて、3分チンすれば、カレー、ホワイトシチュー、ドミグラスシチューになります。

たんぱく質食材 50g
＋
野菜 100g
を 1 つのパックに入れて
冷凍保存

使うときは
パックの口をあけて

600W で 4 分

お好みの調味料で
味つけして完成

フードロスなし＆免疫力アップ！
ぬか漬けならぬ「パン粉床漬け」

ひとり暮らしになって私が始めたことのひとつに、「パン粉の床漬け」があります。

ちょこちょこ残りがちな野菜を食品ロスとすることなく、おいしく食べるにはどうしたらいいか、食べることで体が元気になるアイデアはないかと考え、思いついたのが発酵食だったのです。

ちょっと聞き慣れない「パン粉床」。じつは昔、母から「フランスに渡った日本人の画家たちが、日本のぬか床を懐かしんでバゲットとワインで作っていたもの」と教わったのでした。

最近の研究では、発酵食が腸内の善玉菌を増やし、腸内細菌のバランスを整える働きがあることがわかっています。悪玉菌が優勢になって腸内環境が悪化すると、おならが出るから恥ずかしい、というレベルでは済みません。便秘から不眠まで心身に悪影響を及ぼします。中でも、免疫力に深く関係します。

私たちは「腸」という言葉を聞くと、うんこを作るところ（ビロウな話で恐縮ですが）と、まるで自分とは別人格のような扱いをします。

いやいや、そこのところが健康に、人生に一番大切なところなのですよ。

それではパン粉床の材料と作り方です。

【パン粉床の材料】（550g分。出来上がり＝縦14㎝×横26㎝×厚さ4㎝）

パン粉（乾燥）250g、冷水250㎖、塩25g、砂糖25g、MSG（うま味調味料）耳かき1杯

【パン粉床の作り方】

①ボウルに冷水以外の材料を入れ、箸でさらさらになるまで混ぜる。
②冷水を注ぎ、箸で混ぜ、まんべんなく水分を行き渡らせる。
③ジッパー袋（27㎝×28㎝・耐熱温度100℃、耐冷温度マイナス30℃のポリエチレン製）に詰め、空気を抜いて口を閉じる。

続いて野菜の漬け方です。

【漬け方】

必要量の野菜を洗って水気を取って、床に漬けるだけ。1日目から食べられます。1週間たつと乳酸発酵してきて風味が増します。床が減ったら、パン粉1カップに塩小さじ1／3の割合で混ぜて加えてください。

参考までに、漬ける野菜の切り方もご紹介しておきましょう。

【床漬けの野菜の切り方】

きゅうり：両端を落とし、2／3の深さまで縦に3㎜間隔の切り込みを入れ、裏返し、2／3の深さまで斜めに3㎜間隔の切り込みを入れ、ひと口大に切る。
大根：皮をむき、スライサーで薄い輪切りにする。1人分で5枚ほど漬ける。
キャベツ：葉1枚をポリ袋に入れ、電子レンジ600Wで30秒加熱。冷水をかけて冷まし、くるくると巻いて水気を取り、床に漬ける。食べるときにせん切りにする。
ラディッシュ：葉と根を別々にし、葉は輪ゴムでしばる。床に漬けた後、輪ゴムを外して洗い、根は十字に切り込みを入れる。

口中、あらかたが義歯となって30年のムラカミでも、コリコリサクサク、食感を楽しんで漬物がいただけます。

今日から実践！
村上祥子のコロナに負けない「食べ力®」6カ条

コロナ禍でおうち時間が増え、食生活を見直す機会になった方も多いと思います。

私が主宰する料理教室は2020年4月からお休みし、7カ月を経て11月に再開しました。人数を絞り、空調設備はすべて高性能なものに取り替え、表玄関も裏戸も換気がしやすいサッシドアにし、衛生管理を徹底した上での再開です。

教室に参加する皆様も、食に対する真剣度が上がりました。贅沢なメニューだけでなく、地味ですがステイホーム中に役立つ惣菜も喜んで受け入れていただけました。

なかには、教室が休みの間、たまっていた教室のレシピを整理して用途別に分類したという方や、圧力鍋で煮豆を作るようになり、ひとり暮らしのおばさまに届けたという方もいらっしゃいました。

いまほど「体が資本」という言葉が身にしみる時代はなかったかもしれません。健康でなければ、スッキリと整えたわが家でおいしい食事を楽しむという一見当たり前のことすら難しくなってしまうのですから。ステイホームの生活で、そのことに気づいた方は大勢おられると思います。

「食べ力®」6カ条は、私が日本式の食生活を前提に、さらに取り入れるといいものを考えて作りました。おいしく続けていけば免疫力アップが期待できる食生活の提案です。

1　たんぱく質食材を毎食100gとる

骨や筋肉、皮膚など体の基礎を作り、活動の源となるたんぱく質は筋力が落ちてくる50代・60代からはますますとりたい栄養素です。動物性たんぱく質・植物性たんぱく質を毎食2：1でとるのが目安。ちなみに牛赤身肉100gに含まれるたんぱく質は20・2gです。

2　炭水化物（糖質）を毎食食べる

炭水化物はたんぱく質を分解するために大切な栄養素です。脳のエネルギーとなるブドウ糖も含まれています。ご飯なら茶碗1杯（150g＝ブドウ糖50g分）が目安です。

3　野菜を1日に350g食べる

従来のビタミンや食物繊維以外にも、野菜はファイトケミカル（抗酸化成分）が豊富。がんの予防効果や免疫力アップが期待されています。

緑黄色野菜（トマト、ブロッコリー、ピーマンなど）は調理しやすいこともあり、「トマトを食べているから野菜は十分！」と言う方がいますが、実は淡色野菜（玉ねぎ、キャベツ、大根など）こそファイトケミカルを多く含み、もっと食べてほしいものです。1日で淡色野菜200g、緑黄色野菜100g、いも50gのバランスが理想です。

4　乳製品をとる（牛乳なら毎日200㎖）

カルシウムは食べ貯めができず、中年になるとカルシウム不足で骨粗鬆症《そしょう》問題も浮上するので積極的にとりたい栄養素です。乳製品はさらに、たんぱく質、腸内環境を整えるラクトフェリン、たんぱく質の合成を助けるロイシンも含んでいます。

5　お酢をとる（1日大さじ1杯以上）

疲労回復や整腸作用、血圧やコレステロールの調整、血糖値の上昇を緩やかにする作用など、酢の健康効果は抜群。料理に使ったり、フルーツビネガーなどを活用したりしても◎。

6　発酵食品を食べる

納豆、ヨーグルト、ぬか漬け、甘酒、みそ、チーズなど。良い食品をどれほどたくさん体に取り入れたところで、腸内環境が整っていなければ、いい便を出すことはできません。発酵食には腸内の善玉菌を増やす働きが期待されています。

年齢を重ねた人ほど若い頃と同じように肉をしっかり食べる

三省製薬(株)(福岡県大野城市)は2020年5月、「美しさの秘訣」について、東京都、愛知県、大阪府、福岡県に住む20〜60代の女性520人を対象にアンケートを実施しました。

43項目から5つ選んでもらった結果、回答者の3分の2が「睡眠」と「ストレスをためないこと」を挙げました。

じつはストレスをためないためには、たんぱく質をとることが必要です。

シニア世代には「若い人とは違うから、肉や魚はそれほど必要ない」と思っている人も多いのですが、年齢を重ねた人ほどたんぱく質食材を食べたほうがよいことが、研究でわかってきました。

50歳を過ぎる頃から、たんぱく質の分解の速度が速まります。一方、食事からとるたんぱく質の代謝と吸収は80％台にまで下がってきます。筋肉の分解の速度が速まっていくためといわれています。

すると虚弱体質となり、体幹を支える力が後退し、自分の足で歩くことがおぼつかなくなっていきます。シニアも若い頃と同じようにたんぱく質をとって、やっとなんとか体を健康な状態に保てるといわれているのです。

成人女性が1日にとりたいたんぱく質食材の量はこんな感じです。卵1個、鶏むね肉（皮なし）100g、青魚70g、豆腐100g、納豆1パック、牛乳1カップ。どれかに偏らず、満遍なく肉、魚、卵、豆、乳製品を食べたほうが、体の構成成分の必須アミノ酸を効率よくとることができます。

大切なのは一度にドカ食いするのでなく、3食でバランスよくとることです。

たんぱく質は1日3回食べたとしても、体内に貯められる量は1回に30g止まり。たくさん食べても、そのほかは尿として排出されてしまいます。

たんぱく質は筋肉のもととなるだけでなく、内臓も血管も皮膚も骨も、代謝に働く酵素も、体のすべてがたんぱく質からできているといっても過言ではありません。夕飯時分になってもお腹が空かない、ということはありませんか。それは、体内のたんぱく質が減って胃壁が薄くなり、胃壁の蠕動《ぜんどう》運動でギュッギュッと消化する力が落ちてきた結果だといわれています。

努力を必要とすることでもありますが、「若い頃と同じように肉を食べる」が、今日も明日も、そしてずっと楽しく生きるための㊙食事法です。

私はひき肉を炒め物やみそ汁の具に使うようにしています。マーボー豆腐など最適のメニューです。

要介護状態を遠ざける たんぱく質たっぷりメニュー

「フレイル」という言葉を聞いたことがありますか？

いわゆる「低栄養」のことです。

厚生労働省のサイトには、「年をとって体や心のはたらき、社会的なつながりが弱くなった状態を指します。そのまま放置すると、要介護状態になる可能性があります」と、記載されています。

しかし、このフレイルの状態、つまり要介護状態の前段階になっていることに早めに気づいて適切な対処をすれば、元の健康な状態に戻れるとも書かれています。

高齢者になるほどたんぱく質はもっと必要ではないのか？　と、研究者の間でいわれていました。

それを裏付けることになるのが、児林聡美氏らによる「女性三世代研究」（※参考文献：Kobayashi S, Asakura K, Suga H, Sasaki S.High protein intake is associated with low prevalence of frailty among old Japanese women : a multicenter cross-sectional study. Nutr J 2013;12:164）。

成人女性1日あたり、たんぱく質食材から70gのたんぱく質をとる。これはたんぱく質食材を1日約300g（正確には299g）食べるということになります。

例を挙げてみましょう。

鶏むね肉（皮なし）100g、青魚（サバやイワシなど）70g＋豆腐100g（豆腐は水分が多いため、ゆで大豆に換算すると1／3量の34g分）＋納豆1パック（45g）＋卵1個（50g）＝299g。これらとは別に牛乳1カップ（200㎖）。これだけ食べて1日の必要量のたんぱく質がとれます。

このほかに、野菜やパン、ご飯など非たんぱく質食材から、1日18gのたんぱく質がとれ、合計で1日あたり約90gになります。

村上祥子の朝昼晩のごはん

朝食〈納豆、温泉卵、発芽玄米ご飯、みそ汁、ヨーグルト〉

【材料1人分】

発芽玄米のご飯（時間のあるときに炊いて冷凍）1パック（150g）**〈納豆〉**納豆（たれ添付）1パック（35g）、溶き辛子少々、刻みねぎ（常備菜）大さじ1**〈温泉卵〉**卵1個、しょうゆ小さじ1／2**〈みそ汁〉**野菜100gの自作冷凍パック1個（にんじん、赤・緑ピーマン、レモン）、水150㎖、液みそ小さじ2**〈ヨーグルト〉**豆乳ヨーグルト100㎖、ジャム大さじ1

【作り方】

①**〈ご飯〉**発芽玄米のご飯はパックのふたを外し、水大さじ1（分量外）をかける。ふたを軽く置き、電子レンジ600Wで3分加熱して茶碗に盛る。

②**〈温泉卵〉**コーヒーカップに水大さじ3（分量外）を入れ、卵を割り落とし、

ソーサーをふた代わりにかぶせ、電子レンジ600Wで50秒〜1分加熱する。卵だけすくって器に移し、しょうゆをかける。

③**〈みそ汁〉**野菜100gの冷凍パックを耐熱容器にのせ、パックの口をあけて電子レンジ600Wで2分加熱。スープ用容器に移し、水を注ぎ、液みそを加え、電子レンジ600Wで3分加熱する。

④**〈納豆〉**納豆を器に盛り、たれをかけ、溶き辛子、刻みねぎをのせる。

⑤**〈ヨーグルト〉**豆乳ヨーグルトを器に入れ、ジャムをのせる。

昼食〈チキンのソテー、コールスロー、パン、コーヒー〉

【材料1人分】

鶏むね肉（皮なし）100g、塩・こしょう各少々、オリーブ油小さじ1、コールスロー（作り置き）120g、パン80〜90g、バター小さじ2、コーヒー150㎖、プラチナミルク for バランス（大人のためのビタミン・ミネラルを添加した粉ミルク）1袋（10g）

［作り方］

①〈チキンのソテー〉鶏むね肉は厚み1㎝のそぎ切りにし、塩こしょうしておく。フライパンを温め、オリーブ油を引き、鶏肉をのせ、両面中火で4分ずつ焼き、火を止める。

②器にコールスローを盛り、❶を添える。

③パンは好みのものを用意する。食パンでもよい。バターを添える。

④温かいコーヒーにプラチナミルク for バランスを加える。

夕食〈ジャーマンポテト、ほうれん草のおひたし、煮卵、ご飯〉

仕事を終えて3階の自室に戻り、ワインを1杯。フライパンをIHヒーターにのせ、オリーブ油をたらし、輪切りのチンじゃがいもを並べ、中火できつね色になるまで焼いて上下を返し、ソーセージ3本を脇に置いて一緒に焼く。マスタードを添えて〝ジャーマンポテト〟。ハフハフしながら食べて、ほうれん草のおひたしと煮卵でご飯をいただき、「明日はもっと良い日がくる！」と、眠りにつきます。

【材料1人分】

〈ジャーマンポテト〉じゃがいも1個（150g）、電子レンジ600Wで3分加熱したもの幅1cmの輪切り。ソーセージ3本（75g）、粒辛子入りマスタード少々

オリーブ油小さじ1

〈ほうれん草のおひたし〉生ほうれん草（100g）をゆでて切ってしょうゆであえたもの

〈半熟卵の煮卵〉（常備菜）

〈ご飯〉容器のふたをあけ、水大さじ1をかけ、ふたを軽くおき、電子レンジ600Wで3分加熱。

ご覧の通り、調理法は電子レンジがほとんど。そして冷凍しておいたご飯や、コンビニでも買える納豆やヨーグルト、パン、作り置きのコールスローなど、チキンのソテー以外は包丁も使わず用意できます。

毎日のことですから、手間はかけないに越したことはありません。

まだまだ出ます！　グッドアイデア

私はたまたま料理が仕事になったおかげで、いつも料理をしています。

毎日のごはん作りで嬉しくなるのは、

「こうやったらもっと便利になる！」「こうすれば時短できる！」

「栄養たっぷりのおいしいメニューがこんなにカンタンにできた！」

といった発見ができたときです。私の〝知恵袋〟、ちょっとお目にかけます。

（1）バターは1個5gに切る

市販の「切れてる」バターは1個10g。トースト1枚（60g）に塗るとバターが余ります。そこで、1個を二つに切ってふた付き容器で冷蔵。

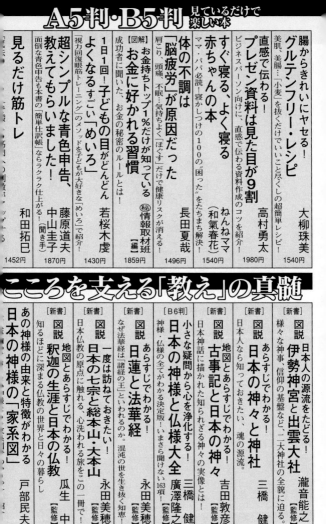

（2）レンチン青菜を作る

ひと口大に切った青菜（ほうれん草、春菊、小松菜、タアサイ、ときにはパクチーなど）を耐熱ボウルに入れて洗い、専用のふたをかぶせ、100gにつき電子レンジ600Wで2分加熱します。

（3）にんたまジャム®で血液サラサラ

私の人生一番の発明。誰でもカンタンに作れる、とびっきりの健康食品です。

玉ねぎとにんにくは、交感神経を刺激して末梢の血管を拡張させる最強コンビ。血のめぐりがよくなり、血圧の低下、血糖値の低下、疲れにくい体づくりなどの健康効果が得られます。私は朝のミルクティーと一緒にスプーン1杯食べています。79歳ですが、健康診断はすべて正常値範囲内。「にんたまジャム®を愛用していたら、濃いシミがわからなくなるほど薄くなった」という生徒さんもいます。

【材料と作り方（出来上がり約500g）】

①玉ねぎ（正味500g）は皮をむき、上側と根は切り落とし、十字に4等分する。にんにく（正味100g）は皮をむく。

②耐熱ボウルににんにくを入れ、水1／2カップを注ぎ、上に玉ねぎをのせ、両端をあけてラップをし、電子レンジ600Wで14分加熱する。

③❷をミキサーに移し、砂糖大さじ4、レモン汁大さじ2を加え、とろとろになるまで攪拌《かくはん》する。

④❸を耐熱ボウルに移し、ラップをかけずに電子レンジ600Wで6分加熱して煮つめる。

⑤熱いうちに、完全に乾いている瓶に移し、ふたをする。

※未開封なら常温で1か月、開封後は冷蔵で3か月保存可。

※私が監修した市販の商品もあります。砂糖の代わりに蜂蜜を使用しています。

「にんにくと玉ねぎのジャム」（150g／税込864円）

(株)ローズメイ ☎ 0120-083-083

お助け調理家電で自分時間を増やす

「料理は楽しいがいちばん！　介護食にもなる本格料理」をテーマに、生徒さん一人ひとりが自分で作る料理実習教室を、２０１５年より福岡スタジオで開催してきました。そのため、電子レンジが20台同時に使えるように、電気系統もやりかえました。

高齢になるにつれ、食事作りが負担になってくると、低栄養、昔の言葉でいえば栄養失調になりかねません。長年仕事でつちかった私の知識と、早・うま・カンタン調理がお役に立てば、の思いからです。受講者は60〜80代。

教室では、電子レンジやフードプロセッサーなどの〝調理家電〟も使います。いくら料理の幅を広げ、介護食作りにも重宝といっても使い方に馴れないことには、購入しても宝の持ち腐れになりかねません。

フードプロセッサーは、高齢者が積極的にとりたいたんぱく質源の肉や魚介を、カンタンに刻んでくれます。市販のチャーシューや照り焼きも生クリームなど油脂を少し混ぜて回せば、ミンチやペーストになります。元気だった時の味そのものの、のみ込みやすい介護食ができます。野菜のみじん切りも一瞬でできます。お好み焼きの生地にミンチ状のハム、みじん切りの野菜を混ぜて焼けば、栄養満点の一品に。


次に紹介する製品は教室で活用し、使いやすさを実感しているものです。

調理家電の購入を思いたったら、一度、くわしい人に使い方を教わりながら、自分で操作をしてみるとよいですね。家電ショップでは陳列品を電源につなぐこともできませんから。


ところで、炊飯器の「おかゆモード」を使っていないという声を聞きます。

おかゆモードにすればおねばが外にこぼれず、おいしく仕上がるのでおすすめです。おかゆにおかずをのせていただくと、おかゆがとろみ剤代わりになり、口の中でまとまりがよくなり、飲み込みが少しむずかしくなった方の食事を助けてくれます。

村上祥子のおすすめグッズ

▼フードプロセッサー「あじのさと　Wスピード」

フードプロセッサーは少人数家庭では、容量0・5ℓ程度が便利。作動中の安定性がよいものを選びたい。この製品は本体がステンレス製で丈夫で軽く、洗いやすい。刃は2枚刃で、肉のすりつぶしも根菜のみじん切りもラクにできて音も静か。付属のおろし金は大根や長いものすりおろしに。

2400円（税別、希望小売価格）幅15㎝×奥行22㎝×高さ24㎝　3・1kg

山本電気㈱　0570-014-958

▼ゴムべら「瓶・缶用スクレーパー」

食品ロスのためにも、瓶などの中身も使い切りたいと思います。この製品は弾力のあるシリコーン樹脂製のへらで、幅が狭く先がカーブしているので、瓶や缶の中身、容器についた油分などをきれいにすくい出します。柄の先は缶詰などのプルトップを開けるときにも使えます。

オープン価格　幅3・5㎝×長さ19㎝

レック㈱　☎03-5874-0645

▼洗い物用ブラシ「タッパーブラシ」

食器洗いのスポンジでは細部の洗い残しが増えます。

この製品は幅2㎝×長さ3㎝のブラシと先には幅1㎝のブラシもあり、柄の形状も力が入りやすく、密閉容

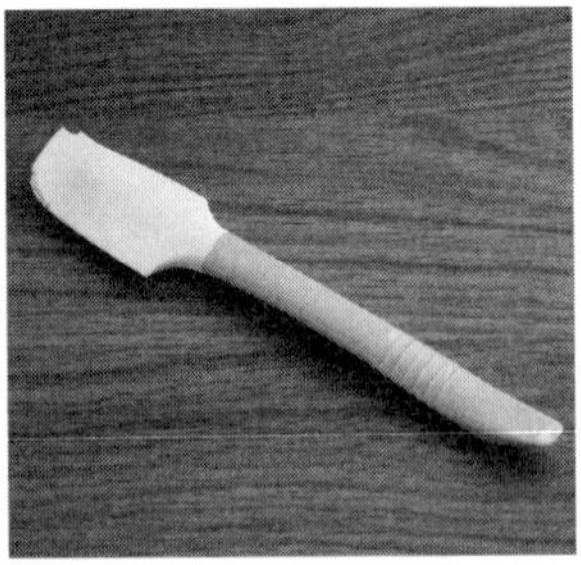

器のふたの溝や樹脂製まな板の表面の溝など、細かい部分も力を入れてこすり洗いができます。

1300円（税込、4色セット）幅2・1㎝×長さ15・1㎝

日本タッパーウェア㈱ http://www.tupperwarebrands.jp

▼電子レンジ

電子レンジは、温め直しや冷凍品の解凍のほか加熱調理にも使える、キッチンの必需品。600Wを基本としたレンジ機能だけの製品がよいです。というのは、電磁波の製造のもと、アグネトロンは高温に弱く、オーブン機能を使って庫内が200℃になるとダメージを受けます。50年近く、電子レンジを使ってきましたが、2002年製造の電子レンジは今も現役。オーブンレンジの方は5年で買いかえています。操作ボタンの表示文字が大きく、パッと見てわかるものが望ましい。

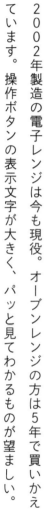

ターンテーブルはないほうが材料の出し入れがしやすく、庫内の掃除も気軽にできます。

先日、東京の読者から電話がありました。

「先生の本を読んで、そっくりに生活すればよいと思いました。お使いのフードプロセッサーや電子レンジの機種を教えてください」

とのことでした。

便利な調理家電を積極的に取り入れて台所仕事をカンタンにし、自分の時間が増えることを願っています。

１００均グッズも大いに愛用しています

西麻布スタジオの2階は、40万点の資料を並べ事務室として使い、別に私用の部屋を準備しました。キッチンも作り、１００均の店に出かけて、ナイフ、箸、計量スプーン、フライパン、まな板などを買いそろえました。27点購入し、消費税を入れて２９７０円です。もちろん、これらの調理器具で毎日、食事を作って暮らしました。

▼ねぎナイフ

長さ13㎝の取っ手にカッターと同じステンレス素材の長さ2・5㎝の刃が7本植わっているねぎナイフは、30年前、韓国・ソウルの南大門市場で「ねぎｋｎｉｆ e！」と叫びながら探し求めたナイフとそっくり同じ。

長ねぎのせん切りも、万能ねぎの斜め切りも、小松菜のせん切りも、難なくやってのけます。水1カップに白だし大さじ1の割合で煮立てた鍋で〈ねぎだけのつゆしゃぶ〉にすると、すこぶる付きの美味しさです。

▼薄切りスライサー&おろし金

キャベツを1／4に切ってスライスすれば、せん切りができます。

玉ねぎやしょうがもおろしやすい。プラスチックのギザギザの刃がついているから、ゆで卵やプロセスチーズ、きゅうり、にんじんなどの飾り切りもできます。洗いやすいのがいいところです。

キャベツのせん切りをするときは、ボウルの中ではスライサーがすべって指を切りそうで怖いので、布巾の上でスライスし、そのままボウルに張った水に移し、洗ってざるで水切り。キャベツや玉ねぎなど量が少なくなってくると、残りはフォークに刺してスライスしています。

▼ラーメン鍋

「ラーメンはついていません」の但し書きがついているラーメン鉢。直径18㎝×高さ7㎝のポリプロピレン製鍋です。

ふた付きで底に立ち上がりがついていて、電子レンジがターンテーブルありでもなしでも、電磁波がまんべんなくまわって加熱されます。

これを鍋料理に使わない手はありません。好みの野菜100gと、肉や魚などのたんぱく質食材100gを鍋に入れ、めんつゆ大さじ1と水1カップを足し、電子レンジ600Wで6分加熱したら、ひとり鍋の完成。

▼ガラスの保存瓶

750㎖容量の下ぶくれのガラス製で、ポリプロピレン製の白色のふた付きの保存瓶です。

ピクルス、塩漬け梅、浮かし漬け（漬け物液に材料をプカプカ浮かして漬ける）の白菜、梅酒、梅サワー、レモンサワー、キムチ作りに使えます。保存食をプレゼントするときは、「瓶は空になってもお使いください」のメッセージを添えています。

使い切れない、食べ切れない人の救世主
コンビニ食材で食品ロスをなくす

子ども時代は「中間考査が終わったら、あのお菓子を作ろう」、いまは「雑誌の連載原稿を書き終えたら、アジの冷や汁を作ろう」。そう思って頑張るムラカミは、正真正銘の料理好きです。そして、実にマメ。私だけでなく、料理の先生はどなたも、とにかくマメです。

料理原稿に「玉ねぎ1／2個（みじん切り）」とカンタンに書いてしまいますが、読者のなかには、「エッ、みじん切りをしなければいけないの⁉　うまく切れない！」と思う人もいるのではと思います。

料理に慣れていない人も電子レンジを使えば大丈夫。切り方が不揃いだって細かく刻めていなくたって、１００ｇにつき「電子レンジ６００Ｗ２分加熱」で満遍な

く火が通ります。
料理が毎日の習慣でない場合、自分で作ろうと食材を買ってきても使い切れず、食品ロスとなることがあります。それならば、自宅から歩いてすぐ行ける、または仕事帰りに立ち寄れるコンビニで購入した料理に切り替えては、と思います。コロナ禍からのニューノーマルは「所有から利用」に変わっていくと思います。

コンビニ食品を購入して調べを進めると、一番のネックは野菜の量が不足していることだと気づきました。ところが2020年8月3日、近所のコンビニに行ったら、入り口のガラス扉に「野菜、取り扱っています。野菜を3種以上購入で、冷凍食品の無料券を1枚つけます」というポスターが。

そのとき売り場にあった生鮮野菜は、万能ねぎ、長ねぎ、ピーマン、なす、しめじ、えのき、しょうが、ミニトマト、とうもろこし、じゃがいも、玉ねぎ、にんじん。ベースとなる野菜がカバーされていました。これらのほか、カット済みのキャベツとレタスもあります。まるごと買うと使い切れないキャベツなどは1／4量にカットされたもの、冷蔵庫の中でしなびてしまいがちなほうれん草、オクラ、ブロッコリーなどはカット後にバラ凍結してある商品を買えば、好きなときに使えてムダが出ません。

野菜だけでなく、肉も少量パックのものが売られています。魚の缶詰もあります。コンビニはもはや間に合わせの食事を買う店ではなく、毎日でも利用したい〝生活必需品〟のお店。必要な量だけ買えるので、食品ロス防止にもなります。

「コンビニ食材でひとり鍋」の紹介です。

イワシとほうれん草の鍋

【材料1人分】

イワシ水煮缶（100g）、冷凍カットほうれん草（150g）、水1カップ、めんつゆ大さじ1

【作り方】

①１００均のラーメン鍋（前項１３３ページ参照）に材料を入れ、ふたをする。

②電子レンジ６００Ｗで８分加熱。汁ごと取り分ける。

豚角煮とトマトのすき焼き鍋

【材料１人分】

豚角煮１パック（１５８ｇ）、ミニトマト５個（50ｇ）、じゃがいも小１個（１００ｇ）、水１／２カップ、卵１個

【作り方】

①ミニトマトはへたを取る。じゃがいもは皮をむいて輪切りにする。

②１００均のラーメン鍋に材料を入れ、ふたをする。

③電子レンジ６００Ｗで10分加熱。好みで溶き卵をつけていただく。

冷蔵庫が片づかないのは「食べ惜しむ食品」があるから

「昨日はお母様とご一緒にお出かけいただき、ありがとうございました。とても誠実な生活をお過ごしのご様子が、佇まいやお言葉からおうかがいでき、嬉かったです。どうぞよろしくお伝えください」

教室の生徒さんが、ご実家のお母様（80代）と一緒にムラカミのプライベートキッチンを見学にいらしたあとに、私が送ったお礼のメールです。

「こちらからお礼を申し上げるべきところ、先にメールをいただき申し訳ありません。母はとても喜んでいました。いつもは福岡まで足を伸ばすことはないのですが、行ってよかったと何度も言っています。冷蔵庫の中の片付けも、私が言ってもなかなか伝わらなかったのですが〝百聞は一見にしかず〟ですね。母は自分の目で見て納得。」と返信をいただきました。
冷蔵庫に食品を長く入れておく理由を考えてみました。

①保存期間が長い↓安心だから入れておく
②値が張った↓もったいないから入れておく
③自分の大好物↓大事に食べたいから入れておく

理由はいくつもありますが、食品は新鮮なうちに食べてこそ命を支える役目をはたします。

現代の薬箱〜コンビニの常備菜

昔はどの家にも薬箱があったと聞きます。富山の薬売りの商人が年に一度、回ってきて減った薬を補充し、代金を回収したそうです。

ちょっと背中がゾクゾクする……と風邪薬を、おなかがゆるいようだからと整腸薬……大事に至らないうちの手当てです。

私たち、体の健康のもとは食事、とわかっていますが、単身世帯が増えたいま、こまごまと食事を整えることが難しい状況です。なかでも、不足しがちといわれる微量栄養素のビタミンやミネラル、そして、食物繊維の補給にコンビニの常備菜の購入はいかがでしょう。

ひじき煮、うの花、きんぴらごぼう、切り干し大根、ごぼう、こんにゃく、金時豆甘煮、五目豆など……。

私、一人分を作ろうと考えると原材料のひじきや切り干しがこまごま残り、かえって不経済！

話は変わって野菜一日一人３５０ｇのこと。

私がレシピを作るとき、一食分に野菜70ｇを使います。茹でたり、煮たりすると、野菜の重量は60％になり42ｇ。これでおひたしやごま和え、辛味和えを作ると、ちょうど食べやすい量の小鉢ができます。

コンビニの総菜コーナーのごま和えやおひたしは、１パック42ｇ。よく考えられた量です。

コンビニなどには一度も行ったことはございません！　とおっしゃらないで、ひとりごはんの準備がおっくうになったら、一度のぞいてごらんになってはいかがですか？

4章

モノ、コト、そして人…人生の整理術

おつきあい、生き方、そして終活など——

毎日が終活！大切にしたいのは、「今日」という1日

私はかっこいいことが大好きです。
いじましいことは大嫌い！
最後まで気取っていたいと思います。

年齢のせいでしょうか！
「終活」の取材依頼が週刊誌、月刊誌……、次々とメディアからきます。
私は毎日が終活です。一晩眠り、いさぎよく失敗も忘れます。
そして気持ちのよい朝を迎えます。
今日という日を大切に、全力疾走で過ごします。

子どもたち3人は大学に入ったとき、家を離れました。彼ら個別に夫が作っていた小さいころのアルバムも、一人に1個ずつ買い与えていた箪笥《たんす》も、勉強机も本棚も、全部持っていってもらいました。

「もう戻ってこないでね」ということです。

かつてのリビングに並んでいた上等のソファやアンティークの肘掛け椅子も、あちらこちらに引き取られ、いまはがらんどうです。

家具運送屋さんに渡し、譲渡先へ送り出すために、体力も費用も必要です。私がぴん・しゃんとしているうちにやってきました。

「100年人生」を進むために

——自分史年表をつくりました

私、2020年9月に単行本、『料理家 村上祥子式 78歳のひとり暮らし』(集英社)を出版しました。78年間の人生を語るノンフィクションです。

この本を書くにあたり、自分の人生をつぶさに振り返ってみました。夫と3人の子どもたちとの5人暮らしですから、いろんなことがありました。夫の転勤に伴う引っ越しも多く、仕事はフルスロットルでこなす日々。いざ全部思い出してみようとすると、自分自身のことでありながら、記憶の配線は相当こんがらかっています。

たとえば——昭和42年生まれの長女がハイハイしています。そのかたわらで寝込み、40℃の熱にうなされる私。夫が会社を休んで新宿の大学病院に連れて行ってくれました。当時は東京・杉並区のアパート住まいでしたが、脳裏に浮かぶのは中野区上高田の和風社宅。どうも辻褄《つじつま》が合いません。

そこで、「自分史年表」を作成することにしました。

A3かA2、大きめのコピー用紙を用意します。そして、

Ⓐ［西暦／和暦／年齢／私的事情］

Ⓑ［料理教室／講演／著書（単行本、共著、雑誌）／新聞、テレビ、ラジオ、インターネット／商品開発］

と、ジャンル分けして時系列で記入していったところ、私の人生がみごとに「見える化」され、これまで取り組んできたことがひと目でわかる年表となりました。

手順は、まず紙を縦長に置き、Ⓐを紙の左端の上から下へ記入していきます。そして、その右側にⒷを書いていきます。趣味など、取り組んでいたことも書き込みます。筆記用具は、書き間違えたら消すことができる鉛筆がおすすめです。

就職した、結婚した、子どもが生まれた、その子が小学校に入った、など、節目の年のことは思い出しやすいものです。うちは子どもが3人ですから節目も多く、記憶の引き出しからスルスルとその頃の出来事が浮かび上がってきました。日記や

家計簿をつけていれば、それらから記憶を引き出し、書き写していくのもよいですね。

こうして自分史を作成、単行本にまとめて私の人生の整理がつきました。

「君は階段を上り続けるね。一段上がったら、決して下りることをしない！」

夫がこう言ってくれた通り、前だけを向いて、がむしゃらにやってきた人生です。振り返ったことで、昔あれこれ考えあぐねたことや固定観念が消え、ありのままの自分が見えるように。これからの人生で自分のやりたいことがはっきりと浮かび上がってきました。

こうなったらしめたもの。フツフツと湧き上がってきたエネルギーから、「100年人生」を進んでいく気概《きがい》が生まれます。あとはその目標に向かってまっしぐらに走っていくのみです。

そして嬉しいおまけも。目標ができると、やらなければならないことがいっぱい。パワー全開になりますから、家事なんてカンタンにさっさと片づけられるようになるんです。

人生100年時代、50年でいったん大整理を！始めること・やめること、考えてみよう

「村上祥子、料理研究家人生50年！」

大きな文字の見出しが雑誌のページに躍ります。元気なシニアで、いまもなお現役ということで、メディアに取材されることが増えました。

50という数字を見て、ふと気づきます。

人間は50歳を迎える頃に、結婚している人もいない人も、子どもがいる人もいない人も、どなたももう一度、同じ条件のスタートラインに並ぶのではないか、と。

親を見送ったり子どもたちが巣立っていったりして、世話が必要な家族が減っていく時期。それが新たな50年人生の始まりです。

私の例でお話ししましょう。

47歳のとき、福岡にスタジオ兼住まいを建てました。好きな料理の仕事を本格的に続けるために、夫の転勤で移り住んだ北九州市・八幡の社宅を出ることにしたのです。

末息子の大学進学も決まったところで、夫に東京本社への転勤の辞令。

東京・成城の自宅を処分して、福岡にスタジオ兼自宅を建てたとき、もしものことがあれば夫の住む家がないから、と東京・目黒のマンションの1階を購入していました。

1989年（平成元年）3月は、息子、夫、私の引っ越しを同時にやりました。

3月まで八幡の料理教室は開催し、4月は福岡で教室を再開。

管理栄養士の国家試験を受けました。

6月に株主総会で夫が関連会社の社長として八幡に戻ることに。

夫は福岡から八幡に通勤することになりました。空き家になった、東京・目黒のマンションを施工業者とＦＡＸで図面をやりとりしてスタジオに改装。

１９９０年から東京スタジオにも社員をおき、試験的に福岡から東京に飛び始めました。

ムラカミが糖尿病の治療のため開発した電子レンジクッキングが、個食化した社会に受け入れられ、仕事はどんどん増えていきます。でも、「仕事を頼めば手早くこなす先生」の域を出ませんでした。

私が目指していたのは、「ちゃんと食べて、ちゃんと生きる」を多くの人に伝えることです。そのために、大学で学んだ栄養学や、糖尿病を予防し改善する食事のレシピ、研究成果をコツコツまとめ続けており、資料は全部で50万点となっていました。

今後の人生ではこれらを元にして企業やマスコミに提案していこうと決めた私。資料を収める高さ２３０㎝×幅90㎝のスチール棚が20台入る物件を探し、見つけた西麻布の貸オフィスをスタジオに改装し拠点としました。

そのとき53歳。ここが私の仕事人生のいくつめかの分岐点となったと思います。50代は気力も体力も充分。それまでの人生をリセットし、思い切って拠点を変え、仕事の方向性を見直すという〝大整理〟を実行するには、タイミングがよかったのです。

50歳前後は、会社勤めをしてきた人なら定年が見えてくる頃。主婦業でやってきた人も、自分を取り巻く状況が大きく変化する時期です。

人生100年時代、50代から先をどう生きていきたいか？　そのために、いま始めること、やめることは何？　まずは自分自身と会話してみましょう。これからを楽しく充実させて生き抜く第一歩となるはずです。

家具の整理術。もらってくれる人がいるうちに…

とにかく、家具が好きです。中でも椅子が好き。

オットマン付きのロッキングチェア、卵の白身がプカプカ浮いているように見える無色透明の、積み重ねて収納できるスタルクのアクリルの座椅子、ステンレスチールの背付きの食堂椅子、イタリアの緑の革張りの肘掛け付き椅子、イギリスの白革のソファ……と、スペースがあれば次々と購入。父から譲られたインドネシアの籐椅子も、ピンクのペンキで塗り替えて使ってきました。

東京で仕事をして福岡に戻ってみると、キッチンに置いていたあのアサヒビールのうんこビルで有名なフィリップ・スタルクの mat-silver の椅子が、何の変哲もない木の椅子に入れ替わっていました。

「エッ、カッコよかったのに……」と言葉を失う私に、夫は「ツ・メ・タ・イ」とひと言。「座っているうちにあなたの体温で温まりますヨ」と、返しましたが、福岡で暮らす時間が長い夫に軍配が上がります。

寄贈の申し出で、50万点の料理資料の審査にお越しになった福岡女子大学の向井剛副学長（2021年4月現在・理事長兼学長）。イギリスに長く留学なさっていたそうで、書斎のイーセンアーレンのローズウッド製の長さ290cm×幅120cmのアンティークの座卓と椅子がいたくお気に入り。

「資料と一緒に寄贈してください」

はるばるアメリカから船旅で届いたテーブルと椅子は、資料と一緒に大学にお嫁入り。

息子が家を新築したとき、「使える家具があれば引き取ってほしい」と頼みました。お嫁さんと一緒に下見に来た息子に、好みのものは引き取られていきました。

モノは「欲しい！」と言われるうちが華。気前よく渡すに限る、と思っています。

3階のリビングはがらんどうになりました。よく見ると、誰も引き取らなかった籐で編んだ長椅子が残っています。

「なぜ、この長椅子があるのかしら？（私の趣味とも違うし……独り言）」と考えてみると、40歳少し前、原因不明の高熱にうなされながら、洋服の上にガウンとオーバーコートを重ね、ウールのスカーフで頬かぶりをして家族の食事を作っていた私を、見るに見かねて「つらいときはここで横になったらいい」と、夫が買ってくれたカウチでした。「喉元過ぎれば熱さ忘れる」ですね。

そんな私も、なんでも捨ててるわけじゃありません！　愛着のあるモノを大事に使う

小さな暮らしでも、なんでも捨てているわけではありません。愛着のあるものは何十年も大事に使っています。

✧ 洋服の脇に吊るしたベルトと、服の埃とり（写真A）
✧ 20年以上愛用の黒布のボタンカバーとお数珠をバッグに（写真B）
✧ アイリッシュグリーンの明るい壁に、気に入った写真を飾る
✧ ペンダント（チャームは有元利夫さんのレプリカ）、金のネックチェーン、パールネックレス４本（母の形見）（写真C）
✧ 金とプラチナの５つの輪っかを一カ所留めたブレスレット。銀婚式の記念です。

（写真D）

✧画家の大社玲子さんからいただいた、ヴィクトリア女王が終生愛用した素材、黒のウィットビー・ジェットのブレスレット。これは、夫が他界した折の慰めに。（写真E）

✧いろんな方からいただいたパールのネックレスをバラシて、組み合わせたパールネックレス。微妙な色の違いもミックスされて、とってもきれいです。くださった方たちの想いも重なっています（写真F）。

✧同じく大社玲子さんからいただいたラベル・ピン（チャーム）。ティファニー社の前会長・ウォルター・ホビン氏によってコンセプトデザインされた「GOOD NEWS」です。（写真G）

ホビン氏は、1967年にニューヨーク州ガソリンに女性のためのドラッグ・アルコール中毒者のリハビリテーションセンターを設立。1990年代に入り、ティファニー社がこれらのチャームを作り、すべての売り上げを支援のために寄付する活動を行いました。その結果、リハビリを受けた患者の90％以上の方が回復に至ったとか。

『60歳からはラクしておいしい頑張らない台所』（大和書房刊）がレシピ本大賞エッセイ部門受賞、『料理家　村上祥子式78歳のひとり暮らし』（集英社刊）上梓のお祝いを兼ねて送っていただいたもの。

すでにリタイア版となり、入手困難品でしたが、アメリカのサイトで旧《ふる》いけれどやっと新品を見つけたからと送ってくださいました。

大社玲子さんはちなみに、村上祥子がつけている「空飛ぶエプロン」マークの原作者の方。田沼敦子さんと共に、30年来の友人です。

……など。


身につけて完成！　となる帽子もそのひとつ。

最近は帽子姿の男性も女性も増えました。若者もダンディにソフト帽で決めている人を見かけます。ブラウスにスカートでは室内の装い。洋服は外に出るときは帽子をかぶって完成。

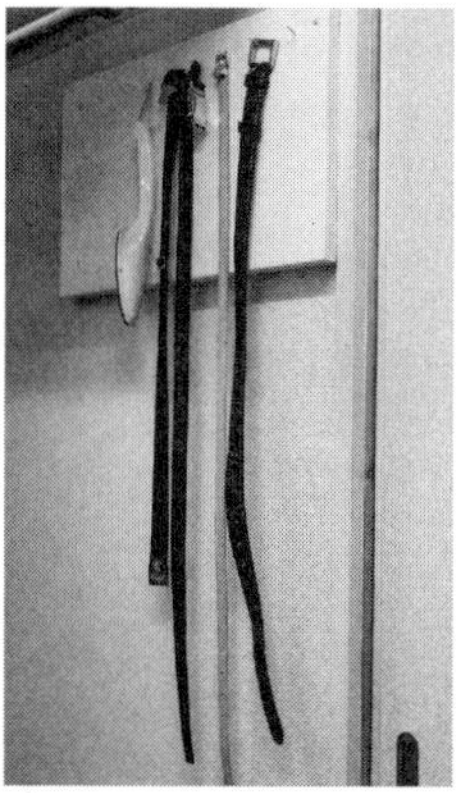

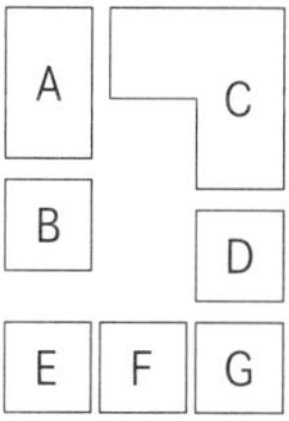
A
B
C
D
E
F
G

GOOD
NEWS

私にもお気に入りの帽子があります。

ひとつは黒のニット帽。全面に黒のスパンコールがついています。西麻布のスタジオから歩いて2分のところにあった平田暁夫さんのお店に行って「黒の女性物のタキシードスーツで生徒さんのご披露宴に」とマダムに申し上げたら、この帽子を私にかぶせ、白のカトレアの造花をあしらい、「これでいかが?」。カトレアは外して今もかぶっています。風の強い日はピタッと髪を押さえて重宝です。

もうひとつはグレーのボルサリーノ。文化放送・志の輔ラジオ「落語ＤＥデート」に出演のため、浜松町の文化放送まで、グレーのテーラードの上着にグレーのグレンチェックのプリーツスカートを着てボルサリーノをかぶって出かけました。

志の輔さんが「オシャレですね!」。

この帽子は30年かぶっています。

ワードローブは全部で30着。普段着と仕事着の区別はありません

洋服は素の私を数段ランクアップして見せてくれます。

朝、お風呂から上がって洋服を着ます。鏡に映った姿は何倍も素敵。洋服は暑さ寒さをしのぐだけでなく、自分をよく見せてくれるツールですね。

私はおしゃれが大好きです。持っている服は1年通してスーツなら上下で各1着、合計2着と計算して30着。体形が変わらないこともありますが、20年近く着ているものもあります。

普段着と仕事着の区別はなし。よくよく考えて選んだものを、組み合わせ方を変えて着ています。小さな暮らしでは頭は使わなくちゃ。ちなみに30着のなかには喪服も入っています。

クローゼットといっても、2m50㎝のステンレススチールのバー1本。上は何ものっていない天井から下がる棚に取り付けた形。たくさんの服を持たなければクローゼットはバーの1／3ほどに服がかかり、整理しなくてもスッキリ。

アクセントに使うストールやスカーフが10枚、帽子が8個、バッグが4個です。私の着こなしは、スーツを上下別々にほかのアイテムと合わせ、小物を加えるやり方です。これでバリエーションは無限に広がっていきます。Vネックのテーラードジャケットは、首元をすっきり見せます。

20年前に購入したインディゴブルーとマゼンタレッドの格子で、襟はテーラードのジャケット。体にピッタリとついて細身。先日、このジャケットの上に2020年に購入のグレーのジャケットを重ねて羽織ってみたら、首周りに色が重なって、なかなかの雰囲気。

ワードローブの使い方って、本人が決めれば済むこと、と思います。

「おしゃれですね～。たくさん洋服をお持ちなんですね」と言われることもありますが、春・夏・秋・冬物全部合わせて30着を着回しているだけです。

私オリジナルの着回しをお話しします。

スーツは、ボトムスがスカートのものとパンツのものを合わせて4着持っています。ジャケットとボトムスはそれぞれ1点と数えますから、ジャケット4点にボトムス4点を持っていることになりますね。

この基本形に替えのボトムスを4点プラスすることで縦横無尽に変化をつけています。いつも違った新鮮な印象に見えるように、色みや柄がちょっと大胆なものを選ぶのがコツです。

私の替えボトムスは次の通り。

① 白地に、手描き油絵風の薔薇の花が大きく咲いているスカート
② ブラウン・白・グリーンのグラデーション染めのスカート
③ 毛糸のボーダー柄の編地、ドットやボーダー柄の生地、うさちゃん模様の生地が縫い合わされている、つぎはぎのスカート
④ アメリカのコミックの登場人物の顔がプリントされたプリーツスカート

替えのボトムスは意表を突く、見ていて気分が浮き立つ色・柄のものにしています。

これらに堅い感じの黒のジャケットを羽織って、帽子やスカーフをあしらえば、ちょっと江戸時代の浮世絵のような雰囲気にも変身できます！　ジャケット4点、ボトムス8点で、4×8＝32通りの着こなしの出来上がりです。

替えのボトムスで遊べるように、基本となるスーツはベーシックな色みのものにしています。

「黒、ネイビー、グレーなど地味な色が多いですね！」と、問われることも。それには理由があります。79歳という年齢ですから、いつお祝い事や不祝儀があるかわかりません。黒もネイビーもグレーも、華やかな桃色のウールのストールやアメジスト色の絹のスカーフを襟元にあしらい、パールのネックレスをありったけつければ、お祝いの装いになります。外出先で不祝儀の知らせがくれば、華やかな飾りを取ります。何もつけなければ、家まで戻らなくても通夜にも告別式にも駆けつけられます。「お祝い事は招かれなければ行かなくてよいが、悲しみ事には片頬だけでも知っていれば、顔を出すもの」とは、亡き母の教え。

２０２０年、暮らしを小さくするために、リビングキッチンを7・5畳に変えたとき、留袖と喪服を残して和服は処分。和服2枚はワードローブの数に入れていません。

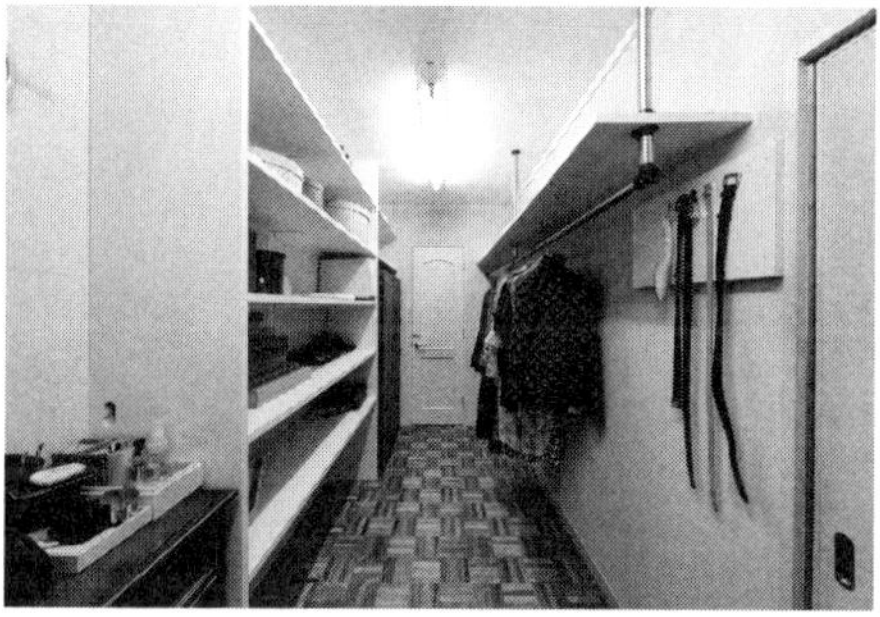

電話する前は「ちょっとにっこり」で相手にいい声、届きます

コロナ禍で、村上祥子料理教室は２０２０年４月から休業しました。９月再開を目指しましたが、感染拡大の勢いは収まる気配もなく、生徒さん１４０人に再開延期のお知らせをしようと思いました。

8月15日（土）、8月16日（日）なら在宅の方が多いかな？　と考え、私ひとりで全員に電話をかけることに。

書面でご連絡することもできましたが、こんな時代だからこそ、生徒さん一人ひとりと直接お話しすることが大事だと思ったのです。

「あっ、村上先生ですか！　いま砂場で孫を遊ばせているところです。こうして携

帯で聞いても、先生のお声はトーンが高くて明るいですね。お元気そうなのが伝わります」

　と、女性合唱団の指揮者をなさっている生徒さん。

「主人のことで毎日はらはらしてるんですよ。先生の教室にも当分伺えそうにないのですが、お声が聞けて本当に嬉しいです」

　ご主人の認知症が進み、外出先からパトカーで帰宅なさった話をしてくださった生徒さんの話です。

　電話すると、おひとり5分から10分の会話となります。ときには20分、30分となった方もありました。

「コロナ禍で家から出るのも怖いし、電車に乗って外出するのも怖い。先生の声が聞けて元気が出ました。どうも、軽いうつ状態になっていたみたいです」

　電話がやっとつながったと思ったら、入院中のかたも。

「右側の顔面が帯状疱疹になり、かなりきびしい状況と、病院へ送り込まれました。コロナ禍で誰とも面会はできていません」

みなさん状況はいろいろでした。コロナ禍であるだけでも気がふさぎがちなところ、さらに大変な思いをされている方もいらっしゃいました。テレビ電話をかけたわけではありませんが、「ちょっとにっこり」の声だけでも届けたことで、閉塞感満載の時期に気持ちが軽やかになった出来事でした。

「ちょっとにっこり」は、電話するときの私の習慣です。

実際に、ちょっとにっこり笑顔になってから、かけるのです。これは愛想笑いとは違います。頭の中に楽しいことが浮かんでいないとできません。道で子どもを見かけると、思わずニコッとするではありませんか。あの気持ち！

電話のときだけでなく、テレビカメラの前に立つときも、「ちょっとにっこり」をして、料理の説明を始めます。難しい人間関係がよくなったというほどの話はないのですが、この「ちょっとにっこり」で、生徒さんたちは、

「コロナ禍で水がなくなりしおれかかっていた私のたましいが、息を吹き返したような気分です」

と、おっしゃってくださいました。

電話をかけるときは主題から。明快に、簡潔に！

地元の西日本新聞で36年間、「村上祥子のきょうの一品」を連載しています。36年の間に、コラム名は「イキイキさち子の家庭料理」→「電子レンジで祥子流」と変わり、現在は冒頭のタイトルで週4日、朝刊でお目にかかっています。

連載を始めた頃、新聞社へ質問の電話が多く、対応に追われた担当デスクが私の自宅の電話番号を掲載。いまより個人情報保護の感覚がゆるかった時代です。とはいえ、新聞に自宅の番号が載っているのを初めて目にしたときは、事前の知らせがなかったので絶句しました。

でも、「まッ、食の仕事はボランティア。作ってもらってなんぼの世界」と思い直し、今日に至ります。

現在も電話番号が掲載されています。質問の電話が毎日かかります。説明すると納得します。ただの一度も嫌がらせの電話はありません。

いちばん多い問い合わせは、「記事の切り抜きをなくしました」「掲載紙をどこにしまったのかわからない」です。ＦＡＸをお持ちなら原稿を送ります。口頭での説明を書き取れそうな方には、メモの用意をお願いします。

「お耳が遠いかな？」「電話では無理かな？」と思えば、住所を尋ねてレシピのコピーを郵送。最近は60代でもパソコンや携帯電話の操作をする人が多く、メールでの質問も増えました。

電話がかかると、『きょうの一品』の読者です」のひと言で、こちらはすべて理解できます。60歳を超えたら世間に遠慮は無用です。あなたの記事を愛読している、どんなに助かっているか、などお礼の言葉も不要です。単刀直入に本題に入り、簡潔に伝える、でよいと私は思っています。

もちろん、決して失礼があってはいけない相手にも単刀直入に、とは申しません。日本には気遣いの文化が根付いています。コミュニケーションを円滑にし、お互い心地よく交流するために思いやりは必要ですが、電話をかけることは相手の時間に突然お邪魔すること。気遣いのあまり長々と話しすぎるのもいけません。

36年の間、「おいしくできました」というお礼の電話もいただきました。受話器をとった夫は、

「そんなにおいしくできたのなら、僕にも送ってくださいよ」

と返していたそうです。

ものをいただいたらすぐに控える。顔を見たら何かお礼を言うことを考える

講演会に行ったり、親しい友人に紹介されたりしているうちに、気の合う知り合いが全国にできました。名産の品が思いがけないときに届きます。

御殿場のみず菜漬け、富士山麓須走の花山椒の佃煮、静岡の新茶、長野のワッサー（桃とネクタリンの中間のような味の果実）、秋田のりんご、稲庭うどん。自宅でとれた青柚子、大葉、ブルーベリーを送ってくださる方もあります。どれも、作り手の深い愛情がこもったものばかり。

ものが届いたらすぐ、お礼のメールを送ります。パソコンや携帯電話が苦手なかたには手紙に著書を添えてお送りします。

そして必ず、送ってくださった方の名前と品物をダイアリーに控えます。ほかの

メモにまぎれないようにピンクのマーカーで囲み、お返しに送った品も記入します。

こうしておくと、その方に会ったときに即、思い出してお礼が言えます。

私は、久しぶりに会った人、昨日会った人……時間の経過に関係なく、顔を見たら、「お礼を申し上げることはないか」を、まず考えます。

人はとかく差し上げたことは覚えていても、いただいたことは忘却の彼方、が多いもの。人とのコミュニケーションの整理のコツは、いただきものをしたら必ず控えておくことにあり、と思っています。

じつは、これは母の教えです。

「ひとの顔をみたら、何かお礼を言うことはないか考えなさい」

こう言われて育ちました。

品物だけではありません。親切にしていただいたときも同様です。

記録を残すと頭に、心に刻まれます。

「郵便局のお隣にお住まいですか？」

２０００年を過ぎる頃から、私の仕事、出版関係者とのやりとりはすべてパソコンに切り替わりました。それまでは、２００字詰めの原稿用紙に書いてコピーを取り、原稿を出版社に送っていました。

その頃とくらべれば、手間はぐんと減り、かかる時間も短縮されました。パソコンはメールの履歴をたどれば以前のやりとりも正確にわかり、話が食い違うこともありません。

コロナ禍のいまはテレワークで仕事をしています。遠方の編集者とのリモート会議もしょっちゅうです。

料理教室の生徒さんや、36年間・週4日掲載の西日本新聞「村上祥子のきょうの一品」の読者の方たち、単行本の購読者たち、と連絡がありますが、伝達方法はさまざま。大学の教え子とはパソコンのメール、友人や読者の方とはＦＡＸ、スマホのショートメール、ハガキ、封書、電話……と多岐にわたります。

電話をするときは、朝は時計の針が9時を回ってから、夜は避けたいと考えます。メールのほうが時間の融通はききますが、あまり遅い時間は遠慮します。

そんなこんなで急ぎの用でもない限り、お礼も用件も依頼も無沙汰の伺いもハガキを使います。届く時間を気にせずに相手への気持ちを綴ることができ、封書ほど気も張らないからです。

１枚に３００〜３５０字書きますが、慣れれば5分で完了。殺風景な便りにならぬよう、窓辺に活けている花の写真を、ハガキの上部にパソコンで印刷して使っています。

「郵便局のお隣にお住まいですか」と尋ねられるほどのハガキ魔です。ハガキは投函する前にコピーを取ることにしています。書いた本人が内容を忘れてしまうこともあるからです。

最近、たいがいのことはスマホで調べられますが、打ち込んで変換すれば漢字が出てくるため、漢字を手書きしようとするとあやふやです。言葉の意味はどうだったかな？　と考えることもあり、大きな文字の漢和辞典と国語辞典は、いつも私の机のかたわらにあります。

おいしいものは小さい人から。子どもにもスタッフにも同じルールです

わが家の子どもは、年子の男の子と女の子に2歳違いの男の子の3人。いまや全員、立派に中年と呼ばれる年代となりました。

お客様の手みやげや自家製のおやつを分けるとき、わが家にはちょっとルールがあって、末っ子から好きなものを取るのです。

末っ子は、シャツやズボン、ブレザーなどは身長が伸びてつんつるてんになった兄のお下がり。余分な買い物をせず、ものを大事に最後まで使い切るために当たり前です。

その代わり、「おいしいものは小さい人から」のルールを作りました。末っ子が、自分が一番に選んだお菓子を手に、満面の笑みを浮かべている様子がいまも目に浮

かびます。

子どもたちが巣立った後、そのルールはムラカミのスタジオで生きています。ゆで小豆、卵、生クリーム、牛乳の材料で、小倉アイスがアイスクリームマシンで出来上がると、秘書の松尾さんが一等最初にディッシャーですくい取ります。松尾さんはスタジオの調理をするスタッフとはまったく別の、システム系業務や電話の応対をこなしています。昭和40年代の生まれで、いつもにこにこしていて、みんなに可愛がられる「末っ子」です。ほかのスタッフは20歳近く年上のお姉さんたち。松尾さんがすくい取ったら、お姉さんたちが年齢の低い順に取り、最後に私です。到来物も、このルールで分けています。

どんな場でも、チームワークが大切です。誰か一人に負担がかかったり、誰かがいつも不公平感を抱いたりしていてはうまくいきません。

仕事でもなんでも、違いはあっても偏りのないように。そうしてこそ、全員がいきいきと力を発揮できます。

料理研究家50年の研究資料、はれて母校に寄贈しました!

「一にコツコツ、二に記録、三、四がなくて五にアタマ」

と、研究者の世界では申します。コツコツ50年間集めてきた料理の研究資料をバインダーに整理しておいたおかげで、このたびその資料が「公立大学法人福岡女子大学国際フードスタディセンター　村上祥子料理研究資料文庫」として所蔵され、多くの皆さんに役立てていただけることとなりました。

料理の先生になったことで、雑誌、新聞、ラジオ、テレビと仕事の枠が広がっていき、大好きな料理が仕事となり、楽しい日々を過ごしてきました。仕事と遊びに垣根がない感じです。

料理研究家として進むと決めたとき、食に関する限り、個人の嗜好は脇へおくことにしました。食べ物につながるものなら何でも、新聞記事、広告、ラーメン店のチラシ、週刊誌の有名人の対談に出てくるおいしい店の話、紀行文、経済誌の農作物の収穫高の表、栄養学会の報告も取り込んで、資料の作成を始めました。

何のための資料か、誰が見てもわかるように、ポイントに赤を入れます。試験前に暗記したい文言などにアンダーラインを引く感覚と同じです。収集年月日、掲載誌（紙）、筆者と、記憶をたどる縁《よすが》となるものを記入しておくことも大事です。

A4サイズにそろえ、30穴の穴あけ機でパンチする場合もあれば、切り抜きなどの小さな資料は、A4のルーズリーフ用紙に貼ってバインダーに綴じていきます。このとき大切なことは、すべて左綴じの縦向きに貼ること。あとで調べ物をするとき、顔の向きを変えずにスムーズに読めるように、という配慮です。

資料を作り始めた頃は、用紙代がもったいなくて裏表にびっしりレシピを書いていました。資料が増えて、あとで別のバインダーに移したいとなったときに裏と表の食材が違っていたときは、コピー機を持っていなかったので、片面のレシピを別の用紙に手で書き写し、ファイリングしました。

２０１４年、夫が亡くなり、２０１５年、西麻布のスタジオを20年でクローズ。これらの資料を福岡に持ち帰りました。バインダーの数は３１８８冊になっていました。

２０１５年、福岡で開催された日本減塩学会で講演したとき、開会の辞を述べられた公立大学法人福岡女子大学の梶山千里理事長兼学長（当時）に相談をさせていただき、理事会の承認を得て、２０１６年、同大学への寄贈が決定しました。

個人情報が特定できる資料を外すと２２２０冊。文部科学省の七訂食品成分表に合わせ、コードを整理し、２０１６年３月、大学に納品しました。

スタッフ２名を連れ、土・日曜日の２日間でコード順に棚に収め、「村上祥子料理研究資料文庫」が開館となりました。同大学は２０２３年に開学１００周年を迎えます。記念事業のひとつとして、国際フードスタディセンターが設立され、料理研究資料文庫はその柱のひとつになる予定です。

約50万点の資料やレシピに活躍の場を与えることができました。すでに学内では検索ツールも完成し、２０２１年現在、村上祥子料理研究文庫で検索できるようになっています。私の仕事人生の中締めと思っています。

最後に、大学の理事会からの言葉です。

「大学関係者から寄贈の申し出は少なからずあります。村上さんの場合は資料のすべてを整理、ファイリングしておられ、即、システム化ができる状態だったので寄贈していただく運びとなりました」

ずっと昔から整理魔と呼ばれるほど整理が好きな私。そんな私の特性がこのような形で活きたことは、この上ない喜びです。

人生を切り開く自己プロデュース
それは自分を整理することから！

私が亡くなったときのことを相談しておこうと息子に声をかけたら、「まっ、その話はいずれ」と軽くいなされました。

「終活」は死ぬための準備ではなく、人生のフィナーレの生き方、究極の整理です。でも、最後の最後までは自分ではできません。

私の葬儀はお寺でしていただき、骨は夫の眠るお墓に埋葬してもらうつもりです。なにがしか残るものがあれば、法令の定めるところに従って相続してほしいと思います。遺言書は残しません。素人では判断に迷うときに相談にのってもらっている弁護士、司法書士、会計士、弁理士、工務店などの連絡先のリストを作り、カード、保険証、年金手帳などはクリアファイルにしまい、バインダーにまとめました。他県に住む子どもたちにバインダーの在りかを伝えておしまいです。

74歳の1月から、「村上祥子料理実習教室」をスタートしました。現在は変則的に開催しています（2023年3月クローズ予定）。

料理研究家人生50年間で収集開発した料理資料50万点を公立大学法人福岡女子大学へ寄贈し、「村上祥子料理研究資料文庫」も設立されました。

新型コロナウイルス感染拡大防止のため、料理教室をいったんクローズしたのは78歳のとき。小・中学校の食育授業、講演会などすべてキャンセルに。活動自粛の日々、人との接触は極力控えましたが、テレワークとリモート会議を活用して雑誌、新聞、単行本の仕事は継続できていました。

そしていま、私は79歳。料理教室を再開し、メディアの仕事にも、さまざまな工夫をしながら取り組んでいます。

私は節目節目で自分の人生を整理し、その時点で最もいいかたちに自己プロデュースをしてきました。「小さな暮らし」は、いまの自分がいちばん心地よくいられる生活スタイルです。「自分の人生は自分で整理して、快適に生きるのがいちばん！」と思っています。

取材にみえた記者さんに、「終活のために生活を小さくしているんですね」と言われたことがありますが、いえいえ、死に向かっての準備なんて、私はこれっぽっちも考えていません！　自分自身が心地よく生きるために生活を変えているだけです。

「死ぬためじゃなくて生きるためなのですよ」

と、記者さんにはお答えしました。

毎朝目覚めたとたん、今日やることがパパパッと頭に思い浮かんでワクワクします。時代が求めるレシピを生み出すこと、食の大切さ――私独自の「食べ力®」を、全国どこへでも飛んでいき、あるいはメディアを通じて伝えることが私の生きがいです。常に動くことで新鮮な発想が生まれ、やりたいことは私のなかにあふれ続けます。

自分の人生を整理して手に入れた「小さな暮らし」があるからこそ、もっともっと人生を切り開いていける大きな力が生まれるのです。

おわりに

人生は思いもかけない出会いがあります。

最近では、青春出版社の手島編集長に面識を得たことです。私が青春出版社にかけた電話を、編集長が受けてくださったのがきっかけです。

新型コロナ感染拡大防止の規制が始まる前、東京で二度ほどお目にかかりました。

気っぷがいい！

シャキッとしてかっこいい！

決断が早い！

メールのレスポンスも早い！

大変な働きもの！

の、印象です。

「きっと仕事が大好きな方に違いない！」とこちらは勝手に想像をふくらませ、ぞっこん惚れ込みます。

この年齢になると「終活」の取材依頼が増えます。確かに、節目、節目で整理について雑誌・新聞に書いたり話したりしてきましたが、私は「死ぬための準備に片づけているわけではありません」と、回答しています。

この「死ぬために〜ではない」に、手島編集長が感動なさり、本書『キッチンから始める人生の整理術』が誕生しました。

79年間、生きてきて思います。

人生は一本道です。

分岐点に来たときに、どちらかの道を選びます。

後戻りはできません。

そして、過去を乗り越え、乗り越え、進んでいきます。

長〜い時間をかけて、つらい思いは封印します。

楽しかったこと、嬉しかったことを記憶に残していきます。

そして、学びます。

この、今日という日を真剣に生きることが大切だと。

私はニューメキシコの荒野の一軒家で最後まで仕事をしたアメリカを代表する女性画家、ジョージア・オキーフのように、自分らしさを貫いて生きていきたいと願っています。

本書はムラカミが実践していること、①片づけること、②働くこと、③食べること、④つきあうこと、の整理術について書きました。

この本を手にとってくださった皆様の日々の暮らしに役立てていただけることが少しでもあれば、この上ない幸せです。

どうぞ、お元気でお過ごしください。

２０２１年11月

村上祥子

著者紹介

村上祥子　1942年福岡県生まれ。料理研究家、管理栄養士。福岡女子大学客員教授。電子レンジ料理の第一人者。「たまねぎ氷®」「にんたまジャム®」などの数々のヒットをもつ。

子ども向けの食育出前授業、シニアの料理教室など、幅広い層へ積極的に活動中。著書の累計発行部数は970万部以上。

『60歳からはラクしておいしい頑張らない台所』(大和書房)、『料理家 村上祥子式78歳のひとり暮らし』(集英社)など。

本書では、生まれついての整理好きを自認する著者の、片づけから仕事、料理、おつき合いまで、人生を整理するヒントをまとめた。

キッチンから始《はじ》める人生《じんせい》の整理術《せいりじゅつ》

2021年11月30日　第1刷
2022年2月20日　第3刷

著　　者　村《むら》上《かみ》祥《さち》子《こ》

発 行 者　小澤源太郎

責任編集　株式会社 プライム涌光
電話　編集部　03(3203)2850

発 行 所　株式会社 青春出版社
東京都新宿区若松町12番1号 〒162-0056
振替番号　00190-7-98602
電話　営業部　03(3207)1916

印刷　三松堂　　製本　大口製本

万一、落丁、乱丁がありました節は、お取りかえします。

ISBN978-4-413-23227-2 C0077